차 근 차 근
# 파이썬
# 코딩 실습

기본편

# 차 근 차 근
# 파이썬
# 코딩 실습
## -기본편

ⓒ 류지훈, 박훈영, 시호연, 심성보, 윤현석, 진대호, 최다영, 2020

초판 1쇄 발행 2020년 7월 27일

| | |
|---|---|
| 지은이 | 류지훈, 박훈영, 시호연, 심성보, 윤현석, 진대호, 최다영 |
| 기획 | 김춘지 |
| 펴낸이 | 이기봉 |
| 편집 | 좋은땅 편집팀 |
| 펴낸곳 | 도서출판 좋은땅 |
| 주소 | 서울 마포구 성지길 25 보광빌딩 2층 |
| 전화 | 02)374-8616~7 |
| 팩스 | 02)374-8614 |
| 이메일 | gworldbook@naver.com |
| 홈페이지 | www.g-world.co.kr |

ISBN   979-11-6536-640-7 (93000)

이 도서의 국립중앙도서관 출판예정도서목록(CIP)은 서지정보유통지원시스템 홈페이지(http://seoji.nl.go.kr)와 국가자료
공동목록시스템(http://www.nl.go.kr/kolisnet)에서 이용하실 수 있습니다. (CIP제어번호: CIP2020030732)

차근차근

# 파이썬 코딩 실습

*Python coding*

기본편

류지훈, 박훈영, 시호연, 심성보, 윤현석, 진대호, 최다영 지음 | 김춘지 기획

좋은땅

# 머리말

지구과학을 전공하고 있거나 관련 자료의 분석이 필요한 사람, 혹은 프로그래밍을 처음 배우고자 하는 사람이라면 누구나 Fortran, Perl, C/C++, Java, Python 등 다양한 언어 중에서 어떤 것을 사용할 것인가를 두고 고민할 것입니다. 필자 역시 지난 수년 동안 지구과학 분야에서 연구를 했기 때문에 자료처리와 통계 분석을 목적으로 다양한 종류의 프로그래밍 언어를 사용했습니다.

그러다 우연한 기회에 직장 내 프로그래밍 교육을 담당하면서 파이썬을 선택하게 되었습니다. 그 이유는 문법이 쉽고 간결해 접근 장벽이 낮아서 학습용으로 적합했을 뿐만 아니라, 오픈 소스 개발 언어이기 때문에 무료로 제공하고 있어 실력 있는 개발자들이 만들어 놓은 훌륭한 패키지들이 많았기 때문입니다.

이러한 장점으로 파이썬의 인기가 높아짐에 따라 수많은 관련 책들이 출판되었으며 인터넷을 통해서도 다양한 영상들이 올라와 있어 파이썬을 손쉽게 접할 수 있습니다. 하지만 이러한 책들과 영상들을 통해 파이썬을 익힌 후, 정작 분석에 필요한 자료들을 처리하고 표출하고자 하면 예상치 못한 에러를 마주하기 마련입니다. 그러면 결국 해결 방법을 찾기 위해 많은 시간을 보내거나 급한 경우 손에 익숙한 언어로 돌아가게 되곤 합니다.

이런 경험을 바탕으로 이 책의 저자들은 파이썬을 사용해 기상/기후 분야의 자료를 다루면서 얻은 노하우나 문제 해결 등에 초점을 두어 이를 누구나 쉽게 이해하고 사용할 수 있도록 하는 데 중점을 두었습니다. 파이썬(Python)은 그리스 신화에서 중요한 일의 신탁을 담당하던 큰 뱀의 이름에서 유래한 것입니다. 그리스 사람들이 그러했듯 파이썬 사용자에게 이 책이 이러한 신탁소의 역할을 하게 되길 바랍니다.

그리고 대기과학뿐만 아니라 관련된 모든 분야에 종사하는 분들께 이 책이 도움이 되었으면 합니다.

2020년 5월
기상청 국립기상과학원
필자 김성보

2019년도에 출간한 『대기과학을 위한 NCL』을 배포하면서 만났던 대부분의 교수님들과 연구자분들께서 연구자를 위한 파이썬 프로그래밍 책의 필요성에 대해 언급하셨습니다. 그분들의 기원이 제게 에너지가 되어 연구자들에게 도움을 주기 위한 파이썬 프로젝트를 기획할 수 있었습니다. 저는 저자분들과 함께 2019년 12월 16일 온라인 킥오프 미팅을 시작으로 2020년 4월 20일, 8차 회의를 진행하며 저자님들과 함께 『차근차근 파이썬 코딩 실습』의 기본편과 연구 활용 대기과학편을 완성하게 되었습니다.

이 책의 목적은 연구자들이 파이썬 프로그래밍을 처음 배우는 단계에서 시행착오를 겪는 시간과 노력을 줄이고 그들이 보다 더 깊은 연구를 할 수 있는 시간을 확보할 수 있도록 하는 것입니다. 이를 위해 젊은 과학자들이 한 마음으로 위성자료, 태풍자료, 기상/기후자료 등 다양한 분야의 연구자료를 시각화한 자신들의 노하우를 파이썬을 처음 배우는 연구자들에게 설명하듯이 이 책에 담았습니다. 각 챕터의 첫 페이지에는 저자의 성함과 이메일이 적혀 있습니다. 이는 독자의 궁금한 사항이 있을 시 주저하지 말고 질문하여 저자와 소통하길 바라는 메시지이니 독자분들께서는 이것을 적극적으로 활용하여 프로그래밍 실력을 일정 수준으로 올리는 시간을 단축하길 바라겠습니다.

『대기과학을 위한 NCL』은 저자들의 100% 재능기부로 출판되었습니다. 이 책 또한 초보 연구자들의 프로그래밍 배움의 문턱이 낮아지길 바라는 저자들의 마음으로 시작했지만, 기획자로서 저는 저자들의 헌신에만 기대어 연구자들에게 도움을 주기 위한 프로젝트가 과연 지속될지에 대한 고민을 많이 했습니다. 운이 좋게 저자분들의 재능기부로 본 프로젝트가 시작될 수 있었지만 그들의 가치가 단순히 기부로만 끝난다면 프로젝트가 지속되기 어렵다고 생각했습니다. 좋은 영향력을 줄 수 있는 선순환이 되기 위해서는 각 전공분야 저자들의 경험의 가치를 높이 평가하고 그들의 노고를 제대로 인정해 주는 문화를 형성할 뿐만 아니라 향후 미래 연구자들이 함께 프로젝트에 동참하고 싶어하는 시스템이 갖추어져야 한다고 생각합니다.

무엇보다 저의 기획 의도에 공감하여 집필에 참여해 주신 류지훈, 박훈영, 시호연, 심성보, 윤현석, 진대호, 최다영 저자님들께 진심으로 감사의 마음을 전합니다. 저에게 본 프로젝트는 저자님들과 소중한 인연을 맺게 했을 뿐만 아니라 기획자로서 한 단계 성장할 수 있었던 소중한 기회였습니다. 제가 이 책을 기획하고 출판하는 과정에서 아낌없는 조언과 무한한 지지를 해 주셨던 국종성 교수님, 권민호 박사님, 김기영 대표님, 김백민 교수님, 김윤재 부장님, 김주완 교수님, 김주홍 박사님, 박선기 교수님, 박세영 연구관님, 손석우 교수님, 서명석 교수님, 성미경 박사님, 이민정 변리사님, 이상현 교수님, 이승우 연구관님, 이준이 교수님, 임영권 박사님, 전혜영 학회장님, 주상원 원장님, 차동현 교수님, 최용상 교수님께 진심으로 감사드립니다.

끝으로, 제가 하고자 하는 일에 대해 늘 뒤에서 응원해 주는 사랑하는 가족과 제 인생의 벗 모든 지인들에게 감사드리며, 이 책이 연구자분들의 파이썬 프로그래밍 공부에 많은 도움이 되길 진심으로 바랍니다.

2020년 5월

기획총괄 김춘지

# 감사의 말씀

## 류지훈 저자

훌륭한 저자님들 사이에서 의미 있는 작업을 할 수 있어서 영광이었습니다. 저술을 기획하시고 저자님들을 모집, 조율하여 파이썬 입문 교재가 완성되기까지 힘써 주신 김춘지 대표님께 감사드립니다. 아울러 이번 프로젝트 참여를 독려해 주신 손병주 지도교수님께도 감사드립니다. 저를 포함한 모든 저자님들이 각자의 분야에서 쌓아 왔던 파이썬 노하우들을 모은 이 책이, 대기과학을 공부하며 파이썬을 본격적으로 시작하고자 하는 독자분들 결심의 마중물이 되기를 바랍니다.

## 박훈영 저자

아직도 파이썬을 처음 시작하며 느꼈던 막막함이 기억납니다. 여러 사람의 노력이 모여 지어진 이 책이, 새롭게 시작하는 누군가에게 좋은 지침서가 될 수 있기를 기원합니다. 시작부터 마무리까지 노력하신 김춘지 대표님, 기꺼이 노하우를 나누어 주신 다른 저자분들, 많은 조언 주신 선후배님들과 친구들, 그리고 사랑하는 가족에게 감사의 마음을 전합니다.

## 시호연 저자

우연한 기회에 참여하게 된 출판 프로젝트에서 제가 나눈 지식보다 더 많은 것을 얻어 가는 것 같습니다. 비록 제가 다른 실력자들에 비해 많이 모자라다고 생각하지만, 파이썬에 익숙하지 않은 연구자들에게 조금이라도 도움이 되길 바랍니다. 함께 고생한 김춘지 선생님과 다른 저자분들께 감사드립니다. 특히 프로젝트에 참여를 독려해 주신 제 지도교수이신 손병주 선생님께도 감사드립니다.

### 심성보 저자

파이썬은 참 매력적인 프로그래밍 언어입니다. 문체에는 작가의 개성이 녹아 있듯 코딩에도 각자의 스타일이 담겨 있는 거 같습니다. 처음 파이썬을 접하는 독자님도 차근차근 따라 하시며 자신만의 프로그램을 만들어 가시면 좋겠습니다. 이번 교재를 통해 능력 있는 분들과 작업하면서 더 많이 배울 수 있는 시간이 되었습니다. 자신의 경험과 노하우를 아낌없이 나눠 주신 저자님들께 감사드립니다. 그리고 훌륭한 프로젝트를 기획하시고 참여할 수 있는 기회를 주신 김춘지 대표님께도 진심으로 감사드립니다.

### 윤현석 저자

파이썬 교재가 만들어질 수 있도록 많은 것을 기획하시고 조율해 주신 김춘지 대표님께 감사드리고, 쉽게 얻을 수 없는 파이썬 노하우들을 상세하게 정리해 주신 각 저자님들께도 감사드립니다. 또한, 부족한 실력임에도 이렇게 훌륭한 분들과 함께 프로젝트에 참여할 수 있도록 저를 추천해 주신 저의 지도교수님이신 손석우 교수님께도 감사드립니다. 파이썬을 사용해 대기과학 분야 연구나 공부를 하게 될 독자님들께 이 책이 유용한 가이드가 되길 바랍니다.

### 진대호 저자

Python을 막 배웠던 몇 년 전을 떠올려 봤습니다. 당시에는 제가 뭘 모르는지를 그래서 뭘 찾아야 하는지를 몰랐기에 시행착오가 많았었습니다. 여전히 Python을 이용하면서 모르는 게 있고, 그래서 적절한 방법을 찾아보는 게 일상이지만, 그나마 제가 아는 것을 나눌 수 있는 기회가 주어져서 즐겁게 작업했습니다. 참여 기회를 주신 김춘지 대표님과 다른 저자분들에게 감사를 드리며, 저를 언제나 지탱해 주는 가족에게 역시 고맙다는 말을 전하고 싶습니다.

## 최다영 저자

이 책으로 저의 노하우를 나눌 수 있고 공동 저자들의 다양한 시각으로 파이썬을 다룰 수 있음에 또다른 배움을 얻을 수 있어 저에게는 뜻깊고 소중한 시간이었습니다. 배움이 가치가 되어 돌아올 수 있게 책을 기획해 주신 김춘지 대표님, 똑같은 일상 속을 살아가던 저를 추천해 주신 박세영 박사님 그리고 저를 항상 지지해 주고 사랑해 주는 저의 가족과 친구들에게도 감사를 표합니다. 이 책을 함께 저술한 공동 저자들께도 감사함을 전합니다. 이 책을 선택하신 독자 여러분께도 감사드립니다. 여러분은 각 분야의 연구자들의 노하우가 담긴 이 책을 통해 여러분의 시간을 아끼고 파이썬을 다루는 능력이 배가 될 것입니다.

## 류지훈(ryujih@snu.ac.kr)

- 공주대학교 졸업(대기과학 전공)

- 서울대학교 박사과정 재학중(대기과학 전공)

- 연구분야: GPM, 강수입자크기분포 특성 연구


## 박훈영(hypark432nm@gmail.com)

- 서울대학교 졸업(대기과학 전공)

- 서울대학교 박사학위(대기과학 전공)

- 연구분야: 기후-식생 상호작용, 지면 탄소순환 연구


## 시호연(hoyeon93@snu.ac.kr)

- KAIST 졸업(물리학 전공)

- 서울대학교 박사과정 재학중(대기과학 전공)

- 연구분야: 북극지역 인공위성 원격탐사


## 심성보(sbshim82@korea.kr)

- 연세대학교 학부 및 석사 졸업(대기과학 전공)

- 연세대학교 박사 졸업 예정(대기과학 전공)

- 기상청 국립기상과학원 재직중

- 연구분야: 기후변화 원인 및 기후변동성에 관한 연구


## 윤현석(yhs11088@snu.ac.kr)

- 서울대학교 졸업(대기과학 전공)

- 서울대학교 석사과정 재학중(대기과학 전공)

- 연구분야: 알타이-사얀 산맥 후면에서 발생하는 저기압 특성 연구

**진대호(Daeho.Jin@nasa.gov; https://github.com/DJ4seasons)**

- 서울대학교 졸업(대기과학 전공)

- George Mason 대학교 박사(기후역학 전공)

- USRA/GESTAR/NASA GSFC

- 연구분야: 구름과 강수 자료 분석 및 대규모 기상/기후와의 상호작용 연구


**최다영(blingdy@korea.kr)**

- 공주대학교 졸업(대기과학 전공)

- 공주대학교 석사 학위(대기과학 전공)

- 기상청 수치모델링센터 재직중

- 연구분야: 종관관측자료 품질검사 및 자료동화 연구

(저자는 가나다 순으로 나열하였음.)

본 교재는 (주)봄인컨설팅의 주관으로 기획되었으며 절대적으로 지지해 주신 후원자분들의 크라우드 펀딩으로 출판되었습니다(펀딩 문의: cjkim02@gmail.com).

# 코드 배포 안내

이 책에서 사용된 모든 실습 코드는 (주)봄인컨설팅(bomin.lnc@gmail.com)에서 배포하고 있습니다.

## 파이썬 프로그래밍 업데이트 집필진 모집

본 저서에 다양한 연구분야 활용 사례를 추가하여 시리즈 출판을 계획하고 있습니다. 프로젝트 참여에 관심있으신 분은 cjkim02@gmail.com로 연락 부탁드리겠습니다.

## 프로그래밍 교육 문의

연구 분석을 위한 실전 중심의 다양한 교육 프로그램을 기획하고 있습니다(교육 문의: (주)봄인컨설팅 (bomin.lnc@gmail.com)).

대기과학계에서는 자연 현상을 이해하고 원인을 규명하기 위해 데이터 처리 및 분석결과를 표출하는 도구로 포트란, GrADs, NCL 등의 프로그램을 오랜 시간 사용해 왔습니다. 최근 머신러닝과 인공지능 등 최신의 기술을 접목할 수 있는 파이썬이 각광을 받고 있으나, 파이썬을 처음 접하는 연구자들이 이에 익숙해지기까지는 많은 시행착오를 겪습니다. 연구자들의 진입 장벽을 낮추고 배움의 초기 단계의 수고를 덜어주기 위한 파이썬 매뉴얼의 발간은 참으로 뜻깊은 일입니다.

'차근차근 파이썬 코딩 실습' 시리즈는 파이썬을 시작하는 연구자를 위한 기본편과 대기과학 분야의 연구 분석을 위한 연구 활용 대기과학편으로 되어 있습니다. 저자들이 지난 수년간 기후, 위성, 태풍 등 각자의 연구분야에서 연구 결과를 어떻게 표출할 것인지에 대해 다각도로 고민하고, 직접 코드 하나하나 찾아가며 본인의 연구 결과 분석에 최적화한 자료들이 이 책에 고스란히 녹아 있습니다.

이 책을 기획한 ㈜봄인컨설팅의 김춘지 대표님, 그리고 파이썬 노하우를 아낌없이 담은 류지훈, 박훈영, 시호연, 심성보, 윤현석, 진대호, 최다영 저자님들에게 축하의 말씀을 전합니다. 이 책의 기본편은 파이썬에 입문하고자 하는 일반인을 비롯한 학생, 연구자들에게 도움이 되고, 대기과학편은 대기과학 전공에서 학문을 시작하는 차세대 대기과학도들과 연구자들, 기상산업계 종사자들에게 큰 도움이 되길 기대합니다.

2020년 6월
한국기상학회장
전 혜 영

대기에서 발생하는 다양한 현상을 연구하는 대기과학 분야에 입문한 연구자들은 기상 관측 자료, 위성 자료, 태풍 자료, 수치 모델 자료 등 수많은 데이터를 처리해야 합니다. 따라서 연구자들은 다양한 데이터를 읽어 분석하고, 그림으로 표출하는 등 고 난이도의 컴퓨터 프로그래밍 능력을 필요로 합니다. 사람의 언어가 그러하듯 프로그래밍 언어도 각각의 특징이 있으며 통용되는 사용자 커뮤니티도 있습니다. 프로젝트를 진행하거나 협업을 진행해 본 경험이 있는 연구자는 공통된 프로그래밍 언어를 사용하는 것이 얼마나 중요한지 느꼈을 것입니다. 파이썬은 복잡함보다는 단순함을 선호하고 가독성을 위해 명료하게 구성된다는 장점이 있습니다. 그래서 파이썬 언어는 처음 접하는 사용자도 빠르게 배울 수 있을 뿐만 아니라, 다른 사람이 작성한 코드도 쉽게 해석하고 수정해서 사용할 수 있습니다. 또한 파이썬은 최근 이슈가 되고 있는 빅데이터, 머신러닝, 인공지능을 대기과학분야에 적용할 수 있는 라이브러리를 다양하게 보유하고 있습니다. 이러한 특징 때문에 파이썬은 대기과학분야에서 가장 핫하게 떠오르는 컴퓨터 프로그래밍 언어입니다. 저자들은 이러한 파이썬 라이브러리를 활용하여 본인의 연구 분야에 적용한 경험과 노하우를 이 책에 담았습니다. 독자들에게 다양한 형태의 기상 기후자료를 다루는 방법을 예시와 실습을 통해 친절하게 알려 주기 때문에, 처음 파이썬을 활용하면서 경험하는 시행착오를 줄일 수 있습니다. 이 책에 나와 있는 예시를 차근차근 이해하며 실습을 따라하면 독자가 다룰 수 있는 연구 자료의 종류가 더 풍성해질 것이며 데이터를 분석하고 시각화하는 강력한 도구를 얻게 될 것입니다. 또한 연구에 필요한 분석 요소를 발견하고 연구 성과를 높이는 데 기여할 것이라 믿습니다. 프로그래밍을 배우고 싶은 학생부터 분석 도구를 고민하고 있는 연구자에게 이 책을 추천합니다. 추천인이자 한 사람의 연구자로서 이 책을 읽고 있는 모두가 프로그래밍 공부를 시작으로 대기과학 분야를 개척하는 전문가로 성장하게 되기를 진심으로 바랍니다.

2020년 6월
국립기상과학원장
주 상 원

최근 들어 대기과학 연구 전반에 Python을 활용하는 사례가 많이 늘어나고 있습니다. Python을 배울 수 있는 일반 강의나 교재들도 등장하고 있어서, 대기과학자들에게 맞춤형인 특별한 교재가 있다면 그들에게 더욱 유용하겠다고 생각하고 있었습니다. 그러던 중 본 교재의 출판 소식을 알게 되었고, 추천하게 되어 기쁘게 생각합니다.

사실 대기과학 연구를 위해서는 어떤 다른 자연과학 분야보다도 숙련된 컴퓨터 활용 능력이 필수적입니다. 프로그래밍 언어와 쉘 스크립트(shell script)뿐만 아니라 계산 결과를 선명하고 효과적으로 보여 주기 위한 시각화에 이르기까지 대기과학은 연구자들에게 참으로 많은 능력을 요구하는 것 같습니다. 과거와 비교해 인공위성을 비롯한 관측 시스템이 더욱 발달하고 컴퓨터의 시뮬레이션 능력이 향상된 현재에는 다뤄야 할 자료가 방대해지고 처리/분석 방법도 다양해져서 이를 충분히 수행해 낼 수 있는 다기능의 도구가 필요해졌습니다. Python은 그러한 요구를 만족시켜서 현재의 대기과학 연구를 더 능률적으로 수행하는 데 매우 적절한 도구가 되고 있습니다. 본 교재는 다음에 나열한 Python의 대표적 장점들을 잘 이해할 수 있도록 구성했음을 발견할 수 있었습니다. 첫째 Python은 기존의 프로그래밍 언어나 수학 계산 소프트웨어들의 기능들을 포괄적으로 보유함과 동시에, 둘째로 배우기 어렵지 않은 문법들로 짜인 장점이 있습니다. 셋째, 계산과 동시에 결과를 훌륭한 그래픽으로 재현하는 기능을 겸비하고 있어 편리합니다. 넷째, 대기과학자들이 활용하는 모델/관측 자료들의 형식은 각기 다른 경우가 많은데 이러한 다양한 형태의 입력 자료를 쉽게 읽고 처리하는 데도 Python은 탁월한 능력을 갖추고 있습니다.

Python은 오픈 소스 기반이므로 누구나 쉽게 접근하여 본 교재에서 다루는 Python의 기능들을 경험할 수 있습니다. 본 교재가 Python의 문법 전수뿐 아니라 실제 연구에 어떻게 활용될 수 있는지 다양한 사례들을 제시해서 이해도를 높이도록 한 점도 인상적이었습니다. 대기과학을 활발히 연구 중인 현직 과학자들이 그들의 지식과 경험을 토대로 집필하여 독자들에게 생생한 현장감이 느껴지는 교재가 될 것으로 기대됩니다. Python을 이용한 무수한 응용 사례들을 하나도 빠짐없이 담아낼 수는 없겠지만, 독자들의 궁금증 또한 저자들에게 별도의 질문을 통해 해결할 수 있을 것으로 생각합니다. 본 교재가

Python을 활용해 대기과학 연구를 지속하고자 하는 모든 분들에게 유용하게 쓰이길 희망합니다.

2020년 6월
Universities Space Research Association, NASA Goddard Space Flight Center

임영권

연구의 시작은 관심 분야와 주제를 선정하고 참고 문헌을 읽는 것입니다. 더불어 어떤 자료를 어떻게 처리할지도 고민하기 시작합니다. 연구에서는 자료를 어떻게 처리하고 어떻게 보여 주느냐에 따라 결과가 달라질 수 있어 자료 처리와 분석의 시각화가 중요합니다. 따라서 자료를 처리하고 시각화 할 수 있는 프로그래밍 언어의 선택 또한 중요합니다. 처음 접하고 시작하는 프로그래밍 언어는 익숙해지면 최소 5년 혹은 그 이상 사용할 수 있기 때문입니다.

Python은 자료 처리부터 시각화까지 가능하고 Netcdf 형식도 지원하고 있어 NCL을 대신할 수 있으며 머신러닝과 인공지능 관련 라이브러리(Keras, Tensorflow, Pytorch)까지 있습니다. 저의 첫 독학 프로그래밍 언어는 NCL이었지만 자료 처리의 한계를 느껴 간단명료하고 컴파일러 없이 간편하게 사용할 수 있는 Python에 새로이 정착하게 되었습니다. 제가 Python을 시작할 때는 길라잡이가 되어 줄 책이 없어 여러 커뮤니티 사이트에 접속하여 독학하던 시절이 있었습니다. 또한 대기과학 분야의 자료를 사용한 예시가 많이 없어 자료를 처리하고 원하는 그림을 시각화하는 데 많은 시간이 걸렸습니다. 자료 처리나 시각화 과정 중 에러에 직면했을 때는 주변에 Python을 할 수 있는 분이 거의 없어 조언을 구하기 힘들어 에러를 해결하려고 들인 시간이 최소 3일에서 일주일 이상이었습니다. 그때 이 책이 있었다면 여러 커뮤니티 사이트를 거치지 않고도 주요하고 필요한 부분만 습득하고 심지어 혼자 해결할 수 없는 문제에 대해 조언을 받을 기회가 있었을 것입니다.

Python을 시작하겠다고 결심했다면 이 책을 추천합니다. 이 책은 기본부터 활용까지 갖추고 있습니다. 특히 저자들은 대기과학의 분야별 연구자로서 선정한 모든 예시 그림에 사용한 자료에 대한 설명과 함께 시각화까지의 과정을 상세히 언급하였고 예시 그림의 코드에도 간단한 설명이 더해져 있어 여러분의 이해를 돕고자 하였습니다. 여러분은 저자들의 노력이 깃든 예시를 차근차근 따라하다 보면 다양한 자료를 처리하고 원하는 그림을 그릴 수 있는 능력을 갖추게 될 것입니다.

2020년 6월
기상청 수치모델링센터
최 다 영

좋은 책 만들어 주셔서 감사합니다!

- 김정규, 부산대학교 -


응원합니다!

- 김주홍, 극지연구소 -


많은 이들에게 도움을 줄 수 있는 의미 있는 책이 될 것 같아요. 책 발간 축하드립니다.

- 김진은, 국재난안전연구원 -


앞으로 대기과학을 연구하는 많은 사람들이 컴퓨터 코딩을 배우는 어려움을 덜 겪을 수 있도록 이런 류의 도서가 꾸준히 출판되기를 희망하며, 저자분들에게 감사와 응원의 메시지를 남깁니다. :)

-박두선, 경북대학교-


대기과학도들이 더 확장된 경험을 할 수 있도록 파이썬 책 집필을 해 주셔서 감사합니다. 저도 이 책을 잘 활용할 수 있게 되길 바랍니다. 책 발간을 축하드립니다.

- 박혜진, 울산과학기술원 -


큰일 해냈네요. 모두들 수고 많았어요.

- 서명석, 공주대학교 -


항상 필요하다고 생각했어요. 감사합니다!

- 이주희, 서울대학교 -

기회를 주셔서 감사합니다. 열심히 공부하겠습니다.

- 이준영, 공주대학교 -


수고하셨습니다. 파이썬을 시작할 수 있는 좋은 교재를 만들어 주셔서 감사합니다.

- 최용한, 극지연구소 -


선배님의 노력으로 많은 대기과학도들이 도움을 받고 있습니다! 선배님의 열정을 응원합니다! 항상 건강하세요.

- 최유미, 한국해양과학기술원 -


수고가 너무 많았습니다. 좋은 일은 나중에 더 큰 보답을 받는 법입니다.

- 현종훈, ㈜투씨솔루션

목차
·········

# 1

# 파이썬 설치 및 필요한 패키지/ 라이브러리 확인

# 1. 파이썬 설치 및 필요한 패키지/라이브러리 확인

파이썬 코딩 실습을 시작하기에 앞서, 먼저 컴퓨터에 파이썬이 준비되어 있는지 확인합니다. 쉬운 확인 방법은 명령창(Command window)에서 "python" 혹은 "python3"를 실행시키는 것입니다. 만약 준비가 안 되어 있다면 컴퓨터에 파이썬을 설치해야 합니다. 다음의 설치 방법은 맥북 OSX 및 윈도우즈(Windows) 7 과 윈도우즈 10 을 기준으로 작성되었습니다. 리눅스(Linux) 시스템에 설치하는 방법도 큰 차이는 없습니다. 참고로, 이 책의 내용은 파이썬 버전 3.7 을 기준으로 서술되었습니다. 만약 파이썬이 이미 준비되어 있다면 '5)' 항목으로 이동하여 필요한 라이브러리/패키지가 설치되어 있는지 확인합니다.

## 1) 운영체제 버전 확인하기

먼저 사용하는 컴퓨터가 윈도우즈(Windows)인 경우, 운영 체제 버전이 32 비트인지 64 비트인지 확인합니다(사용하는 컴퓨터가 맥 OS 인 경우 해당사항 없습니다). 다음의 방법들을 통해 이를 확인할 수 있습니다.

- 내컴퓨터 아이콘에서 마우스 오른쪽 클릭 → 속성
- 제어판 → 시스템 보안 → 시스템

그림 1-1. 제어판 - 시스템 보안 - 시스템을 통해 확인한 윈도우즈 운영 체제 버전 예시.

## 2) 아나콘다 사이트에서 파이썬 설치파일 다운로드하기

아나콘다 사이트(https://www.anaconda.com/distribution/#download-section)에 접속하면 다음 그림 1-2 와 같은 화면이 나옵니다.

- 사용하고자 하는 컴퓨터의 운영체제가 윈도우즈인 경우 1 번째 탭을, 맥 OS 인 경우 2 번째 탭을 클릭합니다(그림 1-2 의 녹색 박스).
- 1 번 과정에서 확인한 컴퓨터 운영체제 버전에 맞게 파이썬 3.7 또는 2.7 설치파일 (Graphical installer)을 다운로드합니다(Python2 는 곧 단종될 예정이므로 Python3 를 추천합니다. 이 책의 예제들도 Python 3.7 을 기준으로 합니다).

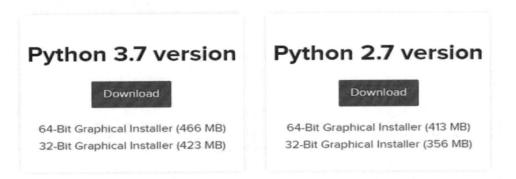

그림 1-2. 아나콘다 사이트에서 파이썬 설치파일을 다운로드하는 화면. 자신의 컴퓨터 운영체제에 해당하는 탭(그림 상단 초록색 박스)을 선택한 뒤 운영체제 버전(64 비트 또는 32 비트)에 맞는 파이썬 3.7 또는 2.7 버전 설치 파일(Graphical Installer)을 다운로드합니다.

### 3) 파이썬 설치파일 실행하기

다운로드한 파이썬 설치파일을 실행하면 그림 1-3 과 같은 팝업창이 뜰 것입니다. 특별히
선택사항을 변경하지 않고 계속 다음을 클릭해 넘어갑니다.

설치 과정이 완료되면 종료(Finish) 버튼을 눌러 창을 닫습니다.

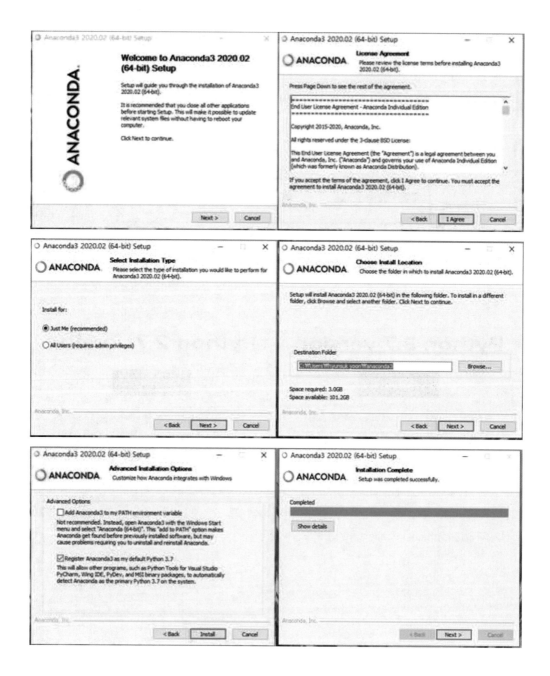

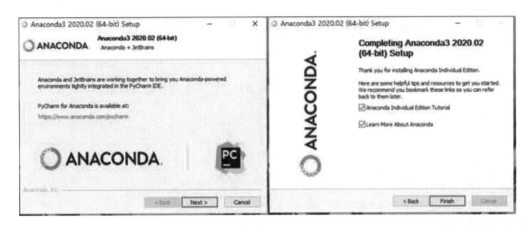

그림 1-3. 아나콘다 사이트에서 다운로드한 파이썬 설치파일 실행순서. 왼쪽에서 오른쪽으로,
위에서 아래 방향으로 진행되었습니다.

## 4) 아나콘다 프롬프트 실행하기

바탕화면 작업표시줄 검색창에 "anaconda prompt"를 검색하거나 Windows - 시작 메뉴 -
Anaconda3(비트수) - Anaconda Prompt 를 클릭해 아나콘다 프롬프트 창을 실행합니다.
맥북 OSX 인 경우 터미널을 열면 자동으로 Anaconda3 path 가 잡혀 있을 것입니다.

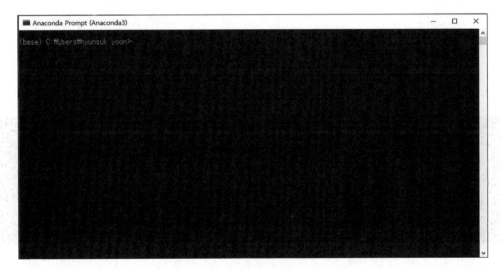

그림 1-4. 아나콘다 명령창 프롬프트.

### 5) 파이썬 실행 및 필수 패키지/라이브러리 설치 확인하기

- 활성화된 명령창 프롬프트에 “python”(혹은 “python3”)을 입력하고 엔터 키를 누릅니다.
- 파이썬이 실행되면 필수 라이브러리가 잘 설치되었는지 확인합니다. 필수 패키지/라이브러리의 목록은 다음과 같습니다.

```
# 필수 패키지가 설치되어 있는지 불러와서 확인
import numpy as np  # Numpy 패키지 불러오기
import pandas as pd  # Pandas 패키지 불러오기
import matplotlib.pyplot as plt  # plotting 패키지 불러오기
import datetime  # datetime 패키지 불러오기
import scipy  # Scipy 패키지 불러오기
import netCDF4 # NetCDF4 패키지 불러오기
import h5py # h5py 패키지 불러오기
from mpl_toolkits.basemap import Basemap  # Basemap 패키지 불러오기
import cartopy.crs as ccrs  # Cartopy 패키지 불러오기

# 아래 패키지는 “대기과학 활용”편에서 필요합니다.
import iris  # IRIS 패키지 불러오기
```

아래 그림 1-5 와 같이 패키지들을 import 했을 때 에러 메시지가 발생하지 않는다면 파이썬을 시작할 모든 준비가 끝났습니다.

```
(base) C:₩Users₩hyunsuk yoon>python
Python 3.7.6 (default, Jan  8 2020, 20:23:39) [MSC v.1916 64 bit (AMD64)] :: Anaconda, Inc. on win32
Type "help", "copyright", "credits" or "license" for more information.
>>> import numpy as np
>>> import pandas as pd
>>> import matplotlib.pyplot as plt
>>> import datetime
>>> from scipy.io import loadmat
>>> from netCDF4 import Dataset
>>> from mpl_toolkits.basemap import Basemap
>>> import iris
>>> import iris.quickplot as qplt
>>> import cartopy.crs as ccrs
>>>
```

그림 1-5. 필요한 패키지들을 설치한 후 아나콘다 프롬프트 창에서 python 을 실행했을 때 모습

필요한 패키지를 설치해야 하는 경우 기본적으로 "conda install 패키지이름"의 형태로 설치합니다. Basemap 과 iris 패키지의 경우 아래 6)과 7) 항목에 따로 설명하였습니다. 만약 Anaconda 를 이용하지 않을 경우 "pip (혹은 pip3)" 명령어를 이용하면 파이썬 패키지를 쉽게 설치할 수 있습니다.

## 6) Basemap 패키지 설치하기

- 활성화된 명령창 프롬프트에 "conda install Basemap"을 입력하고 엔터 키를 누릅니다.
- 잠시 기다린 후 "proceed ([y]/n)?" 메시지가 나오면 "y"를 입력한 후 엔터 키를 누릅니다. 이후 Basemap 라이브러리가 설치됩니다.
- 맥북 OSX 의 경우는 여기서 conflict 에러가 생길 수 있는데, 이 경우 8)의 과정을 참고하시기 바랍니다.
- Basemap 라이브러리는 현재 지원이 중단되었기 때문에, Anaconda 를 이용하지 않을 경우, 혹은 시스템 호환성이 적합하지 않은 경우에 설치가 되지 않을 수 있습니다. 이 경우 Basemap 의 대체재인 Cartopy 를 이용할 수 있습니다.

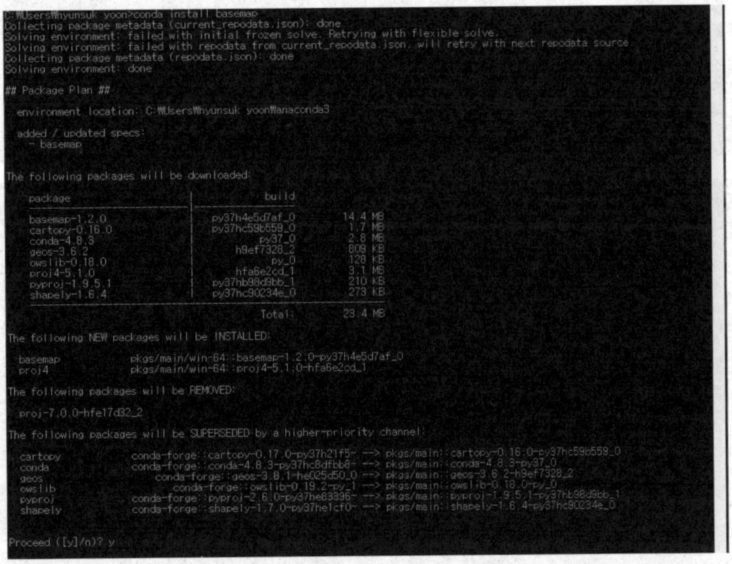

그림 1-6. 아나콘다 프롬프트 창에서 Basemap 라이브러리를 설치하는 모습.

## 7) IRIS 패키지 설치하기

- 활성화된 명령창 프롬프트에 "conda install -c conda-forge iris"를 입력한 후 엔터(enter) 키를 누릅니다.

- 잠시 기다린 후 "proceed ([y]/n)"라는 메시지가 뜨면 "y"를 입력한 후 엔터 키를 누릅니다. 이후 IRIS 라이브러리가 설치됩니다.

- Anaconda 를 이용하지 않을 경우 iris 의 설치는 https://scitools.org.uk/iris/docs/latest/installing.html 를 참조합니다.

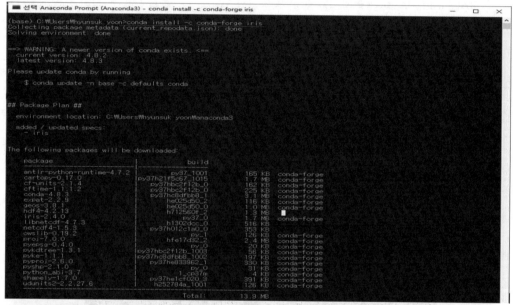

그림 1-7. 아나콘다 프롬프트 창에서 IRIS 라이브러리를 설치하는 모습.

## 8) 맥 OS conflict 에러 발생 시(윈도우즈 사용자는 해당 사항 없음)

6 번 과정에서 Basemap 라이브러리를 설치하려고 할 때 geos 버전과의 충돌로 인해 라이브러리가 제대로 설치되지 않을 수 있습니다. 이 경우 다음의 과정들을 순서대로 실행해 문제를 해결할 수 있습니다.

- 활성화된 명령창 프롬프트에 "conda install -c conda-forge geos=3.4.2"를 입력한 후 엔터 키를 눌러 geos 라이브러리를 재설치합니다.
- 설치가 완료되면 "conda install basemap"을 입력한 후 엔터 키를 누릅니다.
- Basemap 라이브러리의 설치가 완료되면 "conda install -c conda-forge geos=3.5.1"을 입력한 후 엔터 키를 눌러 geos 라이브러리를 업데이트합니다.
- 이후 5)의 과정과 같이 필요한 라이브러리가 제대로 설치되었는지 확인합니다.

## 9) Batch 모드로 파이썬 실행하기

- 명령창 프롬프트에 "python"(혹은 "python3")을 입력하면 Interactive 모드로 들어갑니다. 이 경우 간단한 실행에는 문제가 없지만, 여러 줄의 코드를 실행시키기에는 불편함이 큽니다. 여러 줄의 코드를 따로 저장한 후 배치 모드(Batch mode)로 파이썬을 실행시킬 때는 텍스트 형태의 파이썬 프로그램 파일을 다음과 같이 실행시킵니다: "> python3 python_program _file.py"
- 프롬프트에 "ipython"을 입력하면 IPython 을 이용할 수 있습니다. IPython 은 기본 Python 에서 Interactive 기능을 강화한 버전으로, 높은 편의성 및 Magic function (%paste, %time, %hist 등)이라는 강력한 기능을 제공합니다. ipython 을 실행한 후 "run python_program_file.py" 를 입력하면 해당 프로그램 파일을 실행시킬 수 있으며, 향후 소개될 print(), plt.imshow() 등의 함수를 사용하여 해당 코드 내에서 선언된 변수나 행렬의 정보를 바로 파악할 수 있습니다.

## 10) 텍스트 에디터(Text Editor)

파이썬의 문법에서 들여쓰기가 중요한 역할을 합니다. 그래서 파이썬 프로그램을 작성할 때에 처음부터 끝까지 일관된 들여쓰기로 반복문이나 조건문을 구분할 필요가 있습니다.

이러한 이유로 "Tab" 키를 "4 spaces"로 자동으로 변환해 주는 기능이 파이썬 프로그래밍을 위한 텍스트 에디터의 최소한의 덕목입니다. 파이썬 코드를 작성하기 편리한 텍스트 에디터의 몇 가지 예는 아래와 같습니다.

- Atom, Emacs, Gedit, MS VS Code, Notepad++, PyCharm, Spyder, Sublime Text, Thonny, etc. (abc 순)

## 11) 포트란(Fortran) 사용자가 파이썬(Python)에 대해 미리 알아 두면 좋을 몇 가지

포트란은 과학적 계산 능력이 탁월하여 현재도 여러 분야에서 쓰이고 있습니다. 이 책의 독자분들 중에도 포트란 사용자가 적지 않을 것 같아 포트란과 파이썬의 주요 차이점들을 간략히 정리했습니다.

- 변수의 정의
  - ○ 파이썬의 변수 이름은 언제나 "implicit none" 상태입니다.
  - ○ 변수가 어떤 종류의 숫자 또는 문자를 담을 지는 변수에 값을 할당함으로써 정해집니다.
  - ○ 변수 이름의 대/소문자를 구분합니다(그러나 변수와 함수 이름은 소문자를 권장합니다).
- 인덱스
  - ○ 파이썬에서 배열이나 문자열의 인덱스는 언제나 0 부터 시작합니다.
  - ○ 인덱스의 범위는 "이상:미만"으로 표현됩니다. 즉, [2:5]는 2,3,4 를 가리킵니다.
  - ○ 음의 인덱스 값은 뒤에서 거꾸로 세는 인덱스를 뜻합니다. 그래서 [0:-1]은 처음부터 마지막 바로 이전 값까지입니다.
  - ○ 배열이나 리스트 등의 인덱스는 각진 괄호("[", "]")를 이용해 표시합니다. (함수의 매개변수는 포트란과 같이 둥근 괄호를 이용합니다.)

- 들여쓰기

    ○ 파이썬에서 반복문과 조건문과 같은 하나의 블록(block)을 구분하는 것은 "일관된 들여쓰기"입니다. 1 칸을 띄든 5 칸을 띄든 일관성만 지키면 됩니다.

    ○ 참고로 여러 텍스트 에디터 프로그램들의 기본값은 스페이스 4 칸입니다. 따라서 다른 사용자의 가독성 및 수정의 편의를 위해 들여쓰기는 4 칸을 사용하는 걸 권장합니다.

    ○ 끝에 "END"는 필요 없습니다.

- 배열 축의 순서

    ○ 포트란은 열-우선(column-major)이지만 파이썬은 C/C++과 마찬가지로 행-우선 (row-major)입니다.

    ○ 예를 들어 "경도-위도-시간" 순으로 변하는 변수를 읽어 들인다고 한다면, 포트란 배열은 ["경도", "위도", "시간"]로 표현되지만 파이썬에서는 ["시간", "위도", "경도"]로 표현됩니다.

- "In-place" 갱신

    ○ 파이썬 리스트나 넘파이(Numpy) 배열의 경우 "in-place" 갱신을 주의해야 합니다.

    ○ 예를 들어 "a=[0,1]; b=a; a[0]=-1; print(b)"를 실행하면 [-1,1]이 나타납니다.

    ○ 이것은 파이썬에서 "b=a"라는 표현이 자료를 복사하지 않고 메모리 위치를 공유하기 때문에 나타나는 현상입니다.

    ○ 자료를 복사하려면 복사 명령어 (copy.deepcopy() 혹은 np.copy())를 쓰거나 리스트의 경우 슬라이싱을 합니다.

- 계산 속도

    ○ 파이썬은 자유롭고 다양한 기능을 수행하는 장점에 비해 속도가 (살짝) 느리다는 단점이 있습니다.

    ○ 특히 포트란에서 많이 사용하는, 반복문을 이용해 배열의 원소 하나하나에 접근하는 방식에 매우 취약합니다.

    ○ 넘파이에서는 Matlab 과 유사하게, 되도록 여러 반복문을 쓰기보다 인덱싱/슬라이싱을 통해 배열을 통째로 계산하는 방식(vectorizing)이 효율적입니다.

- 기타

○ 포트란에서는 "!" 기호를 이용해 문장을 주석 처리하지만, 파이썬에서는 "#"가 그 역할을 합니다.

○ 파이썬은 프로그램을 컴파일(compile)할 필요가 없습니다. 바로 실행됩니다.

○ 작성한 코드의 구문이 너무 길어져 줄 바꿈을 해야 하는 경우, a=(1+2+3+4+5+6+7) 처럼 구문을 괄호로 묶어 주거나, a=1+2+3+4+5 \ +6+7 처럼 백슬래시(\)를 이용하면 자유롭게 줄을 바꿀 수 있습니다.

# 2

# 기본 자료 처리

# 2. 기본 자료 처리

심성보(sbshim82@korea.kr)

## 2-1. ASCII 텍스트파일 다루기

기초적인 파이썬 문법에 대해서는 이 책에서 다루고 있지 않습니다. 하지만 파이썬 초급자도 쉽게 이해할 수 있도록 자료형, 제어문, 함수, 파일처리 등 기본 문법만을 이용하여 아스키자료를 활용한 예제를 소개하고자 합니다. 파이썬은 Numpy 와 Pandas 와 같이 아스키자료의 분석에 유용한 패키지 또는 라이브러리들이 있으나 이에 관해서는 다음 절에서 다룰 것이며, 이번 절에서는 단순하게 line by line 으로 읽어오는 방법부터 살펴보겠습니다.

### 2-1-1. ASCII 파일 읽기

예시에 사용할 아스키자료를 위해 영국기상청(Met Office) 사이트에서 제공하고 있는 STASH 코드를 먼저 가져옵니다. STASH 코드란 기후모델 내 변수를 정의하는 이름입니다. 다음 명령어를 통해 관련 자료를 내려 받을 수 있습니다. 아래와 같이 박스 처음에 > 표시가 있는 경우에는 파이썬 코드가 아닌 시스템 명령어를 의미합니다.

```
> curl --location http://reference.metoffice.gov.uk/um/stash?_format=csv > stash.csv
```

```
% Total    % Received % Xferd  Average Speed   Time    Time     Time  Current
Dload  Upload   Total   Spent    Left  Speed
100 7401k  0 7401k   0   0      520k       0   --:--:--  0:00:14  --:--:--  1145k
```

만약 해당 링크에서 자료가 다운로드 되지 않는 경우, 아래 구글 드라이브 링크를 통해 파일을 받아 주시기 바랍니다. (https://drive.google.com/file/d/1JGOcLXSTRXHPvE07W3D7Q2pW2FvN1W1R/view?usp =sharing)

이제 파이썬을 실행해서 다운받은 아스키 자료를 읽어 보겠습니다. 다음과 같이 해당 파일로부터 자료를 읽어서 lines 라는 변수에 저장합니다. 한 줄씩 파일의 내용을 읽어 리스트(list)로 저장할 때는 아래와 같이 splitlines() 또는 readlines() 함수를 쓸 수 있는데 어떤 방법을 사용해도 동일한 결과를 얻을 수 있습니다. 여기선 전자의 방법을 사용한 예시를 보여드리겠습니다.

```python
with open('stash.csv') as f:
    lines = f.read().splitlines() # 한 줄 한 줄을 리스트(list)로 저장
```

또는

```python
with open('stash.csv') as f:
    lines = f.readlines() # 모든 줄을 1 개의 리스트(list)로 저장
```

읽어 온 파일 형식을 아래와 같이 살펴보겠습니다.

```python
print(lines[10]) # 열한 번째 라인을 출력
```

'0,<http://reference.metoffice.gov.uk/um/met08code/13>,<http://reference.metoffice.gov.uk/um/met08code/0>,<http://reference.metoffice.gov.uk/um/c4/data_type_code/1>,<http://reference.metoffice.gov.uk/um/f3/lbpack_code/2>,<http://reference.metoffice.gov.uk/um/c4/grid_code/1>,<http://reference.metoffice.gov.uk/um/c4/halo_code/2>,10,<http://reference.metoffice.gov.uk/um/fieldcode/65>,<http://reference.metoffice.gov.uk/um/c4/levcom_code/0>,<http://reference.metoffice.gov.uk/um/c4/end_level_code/40>,<http://reference.metoffice.gov.uk/um/c4/end_level_code/3>,<http://reference.metoffice.gov.uk/um/c4/level_type_code/

2>,<http://reference.metoffice.gov.uk/um/c4/model_code/1>,SPECIFIC HUMIDITY AFTER TIMESTEP,0000000000000010000000000000000,-24,-24,-24,-24,-99,30,-99,-99,-99,-99,0,<http://reference.metoffice.gov.uk/um/fieldcode/95>,<http://reference.metoffice.gov.uk/um/c4/first_pseudolevel_code/0>,<http://reference.metoffice.gov.uk/um/c4/last_pseudolevel_code/0>,<http://reference.metoffice.gov.uk/um/c4/pseudolevel_type_code/0>,0,<http://reference.metoffice.gov.uk/um/c4/rotate_code/0>,0,<http://reference.metoffice.gov.uk/um/c4/space_code/2>,<http://reference.metoffice.gov.uk/um/c4/time_code/1>,0,0,00000000000000000001,<http://reference.metoffice.gov.uk/um/stash/m01s00i010>,skos:Concept|<http://reference.metoffice.gov.uk/um/c4/stash/Stash>,SPECIFIC HUMIDITY AFTER TIMESTEP,m01s00i010'

리스트(list) lines 의 10 번째 원소의 내용이 길기 때문에 쉼표(",")를 기준으로 구분지어 출력해 보겠습니다. 이때 줄 양 끝에 있을 수 있는 불필요한 공백이나 특수문자를 없애 주기 위해 strip() 함수를 이용해 줍니다.

```python
one_line = lines[10] # 10 번째 리스트(list) 원소를 one_line 변수에 저장
words = one_line.strip().split(",") # 저장한 변수를 ','로 구분
print(words[0:5])
```

```
['0',
 '<http://reference.metoffice.gov.uk/um/met08code/13>',
 '<http://reference.metoffice.gov.uk/um/met08code/0>',
 '<http://reference.metoffice.gov.uk/um/c4/data_type_code/1>',
 '<http://reference.metoffice.gov.uk/um/f3/lbpack_code/2>']
```

## 2-1-2. STASH 딕셔너리(dictionary) 만들기

위 자료를 이용해서 STASH 딕셔너리(dictionary)를 만들어 보겠습니다. 딕셔너리(dictionary)를 구성하는 데 있어 STASH code number 와 STASH variable name 이 필요합니다.

```
print(words[-1]) # STASH code number 출력
```

```
'm01s00i010'
```

```
print(words[-2]) # STASH variable name 출력
```

```
'SPECIFIC HUMIDITY AFTER TIMESTEP'
```

필요한 정보의 위치를 얻었으므로, STASH code number 가 key 인 딕셔너리(dictionary) 자료형을 만들어 보겠습니다.

```
stash_dict = dict((line.strip().split(",")[-1], line.strip().split(",")[-2]) for line in lines)
# 각 라인별로 읽어 와서 딕셔너리(dictionary) 자료형으로 저장
```

동일한 딕셔너리(dictionary)를 만드는 또다른 방법은 아래와 같습니다.

```
for line in lines:
    words = line.strip().split(",")
    stash_dict[words[-1]] = words[-2]
```

어렵지 않게 딕셔너리(dictionary)가 완성되었습니다. 생성된 딕셔너리(dictionary)가 어떤 형태인지 살펴보기 위해 딕셔너리(dictionary)의 처음 5 개 키(key)와 그에 대응되는 내용을 출력해 보겠

습니다.

```
keys = [x for x in stash_dict.keys()]
for key in keys[:5]:
    print(key, stash_dict[key]) # 딕셔너리(dictionary) 자료형은 key 값의 검색을 통해 값을 출력
```

```
skos:notation rdfs:label
m01s00i001 PSTAR AFTER TIMESTEP
m01s00i002 U COMPNT OF WIND AFTER TIMESTEP
m01s00i003 V COMPNT OF WIND AFTER TIMESTEP
m01s00i004 THETA AFTER TIMESTEP
```

### 2-1-3. 검색 엔진 만들기

STASH 딕셔너리(dictionary)를 간단하게 만들었고 기능을 추가해 보도록 하겠습니다. 일반적인 영어 사전 프로그램을 생각해 보면 일단 검색바를 사용하며, 단어의 일부만으로도 원하는 단어를 찾을 수 있고, 한-영/영-한 검색 기능을 통해 사용자가 편리하게 이용할 수 있습니다. 이는 일종의 검색엔진 프로그램으로써, 초급교육과정에서 배웠던 간단한 제어문만 가지고도 이를 구현할 수 있습니다.

```
while True:  # 반복문
    targetval = input(" >> ")  # 검색바, 사용자 입력을 대기
    if not targetval : break   # 검색바에 아무것도 입력을 하지 않을 경우 프로그램 종료

    for key in stash_dict.keys():   # STASH value name 을 이용하여 검색
        check = stash_dict[key]
        if not check.find(targetval) == -1:  # 일치 여부 확인하고 출력
            print("found ' {} ' at key {} [{}]".format(targetval, key, stash_dict[key]))

    for key in stash_dict.keys():  # STASH code number 를 이용하여 검색
        if not key.find(targetval) == -1:  # 일치 여부 확인하고 출력
            print("found ' {} ' at key {} [{}]".format(targetval, key, stash_dict[key]))
```

```
>> m01s00i003
found ' m01s00i003 ' at key m01s00i003 [ V COMPNT OF WIND AFTER TIMESTEP ]
 >> V COMPNT OF WIND AFTER TIMESTEP
found ' V COMPNT OF WIND AFTER TIMESTEP ' at key m01s24i003 [ CM4: V COMPNT
OF WIND AFTER TIMESTEP ]
found ' V COMPNT OF WIND AFTER TIMESTEP ' at key m01s22i003 [ CM2: V COMPNT
OF WIND AFTER TIMESTEP ]
found ' V COMPNT OF WIND AFTER TIMESTEP ' at key m01s00i003 [ V COMPNT OF
WIND AFTER TIMESTEP ]
found ' V COMPNT OF WIND AFTER TIMESTEP ' at key m01s21i003 [ CM1: V COMPNT
OF WIND AFTER TIMESTEP ]
found ' V COMPNT OF WIND AFTER TIMESTEP ' at key m01s23i003 [ CM3: V COMPNT
OF WIND AFTER TIMESTEP ]
 >>
```

위와 같은 방식으로 TEMPERATURE 나 PRECIPITATION 같이 기후모델 자료의 다양한 STASH 코드를 찾아볼 수 있습니다. 참고로 이 사전은 대소문자를 구별해서 검색합니다.

## 2-2. Numpy 패키지(Base N-dimensional array package)

Numpy 는 계산과학분야에 주로 이용되는 패키지로써, 아래와 같이 다양한 기능을 제공합니다. 배열에 관련한 다양한 함수를 제공하므로 MATLAB 을 사용해 본 사람이라면 유용하게 사용할 수 있을 것으로 생각됩니다.

- 고성능의 다차원 배열 객체와 이를 다룰 도구를 제공
- 선형대수, 푸리에변환, 난수생성 등 다양하고 유용한 함수 제공
- C/C++ 및 포트란 코드를 통합하기 위한 도구

먼저 패키지를 불러옵니다.

```
import numpy as np  # Numpy 패키지 로드
import matplotlib.pyplot as plt  # plotting 패키지 로드
np.set_printoptions(precision=3)    # 이 부분은 소수점 표현방식으로 배열값을 보기 편하게
조정
```

## 2-2-1. 배열 만들기

Numpy 배열은 동일한 자료형을 가지는 값들이 격자 형태로 존재합니다. 각각의 값들은 튜플(이때
튜플은 양의 정수만을 요소 값으로 정의됨) 형태로 인덱싱(indexing)되는데, 아래의 간단한 예제를
통해 배열을 만들고 Numpy 기능에 대해 살펴보겠습니다.

```
arry = np.array([1, 2, 3]) # rank 가 1 인 배열 생성
print(arry[0]) # arry 배열 첫번째 요소 출력
```

```
1
```

```
multi_arry = np.array([[1,2,3],[4,5,6]])
print(multi_arry.shape) # multi_arry 배열 크기
```

```
(2, 3)
```

Numpy 로 만들어진 배열은 인덱싱(indexing)과 슬라이싱은 물론 간단한 연산 기능을 가지고 있습니다.

```
print(multi_arry[0][0:2]) # 배열의 인덱싱과 슬라이싱
```

```
[1, 2]
```

## 2-2-2. 자료 불러오기

Numpy 를 이용하여 배열을 다루기 위해, 기상청 기상자료개방포털에서 미세먼지(PM10) 농도 자료를 다운받아서 사용해 보겠습니다.

아래 링크의 기상자료개방포털 홈페이지를 통해 분석에 필요한 자료를 먼저 다운로드합니다 (https://data.kma.go.kr/climate/yellowDust/selectYellowDustDayChart.do?pgmNo=112). 관측변수는 [PM10 질량 농도], 관측 지점은 [서울], 자료 구분은 [월 자료], 분석 기간은 [2008 년 1 월부터 2020 년 1 월]까지, 그리고 파일 형식은 [CSV]를 선택해서 다운 받습니다.

만약 해당 링크에서 자료가 다운로드 되지 않는 경우, 아래 구글 드라이브 링크를 통해 파일을 받아 주시기 바랍니다. (https://drive.google.com/file/d/1yzWp9IBllDu_F8KmXaVkiPOmGasHUlWw/view?usp=sharing)

다운받은 파일의 이름을 KMA_seoul_raw_data.csv 로 저장한 후, 자료의 내용을 일부 살펴보겠습니다.

```
> head KMA_seoul_raw_data.csv
```

```
˙̠¼ g̲µ
[°.̲N
¶a̠랿 ¼-¿?Z·º̈κ¿̲ , ±ᵽ: 2008ᵃ₥¿̲020ᵃ□

¶aˈ對̲묲 Ề̃˙̠¼ g̲µ(§¶/§©)
108,¼-¿?008-04,
108,¼-¿?008-05,63
108,¼-¿?008-06,42
108,¼-¿?008-07,37
```

물음표와 이상한 기호들로 나온 부분은 한글 문자열로 되어 있는 부분이기 때문에 내용을 읽을 때 인코딩(encoding)이 필요합니다. 실제 자료는 아래와 같이 헤더와 데이터(관측지점번호, 관측지점, 날짜, PM10 농도)로 구성되어 있습니다.

```
=====
미세먼지농도
[검색조건]
지점명: 서울, 자료구분: 월자료, 기간: 2008 년 1 월~2020 년 월

지점번호,지점명,일자,미세먼지농도(㎍/m³)
108,서울,2008-04,
108,서울,2008-05,63
108,서울,2008-06,42
108,서울,2008-07,37
....
```

이제 파이썬을 실행하고 다음과 같이 Numpy 의 genfromtxt() 함수를 이용해 파일을 불러옵니다.

```python
import numpy as np
import pandas as pd
import matplotlib.pyplot as plt
np.set_printoptions(precision=3)

raw_file = 'KMA_seoul_raw_data.csv'
seoul = np.genfromtxt(raw_file, encoding = 'euc-kr', dtype = None,
```

```
                    delimiter = ',',
                    names = ('loc_num', 'loc_name', 'date', 'conc'),
                    comments = '#', skip_header=7)
```

- encoding 은 한글과 같은 문자열을 불러오기 위한 인코딩(encoding) 타입을 말합니다.
- dtype 은 데이터 형식으로, 여러 가지 형식의 변수가 섞여 있는 경우 None 으로 설정합니다.
- delimiter 는 변수의 구분자를 의미합니다.
- names 에는 아스키 파일의 열(column)에 해당하는 변수의 이름을 설정합니다.
- comments 와 skip_header 의 경우 자료의 메타 정보를 삭제하기 위해 사용합니다.

genfromtxt() 함수를 통해 읽은 파일 내용을 확인해 보겠습니다.

```
print(seoul[0:4])
```

```
[(108, '서울', '2008-05', 63) (108, '서울', '2008-07', 42)
 (108, '서울', '2008-07', 37) (108, '서울', '2008-09', 27)]
```

불러온 자료가 위와 같이 튜플(tuple)의 리스트(list)와 유사한 형태로 저장되었습니다. 분석 기간을
2009 년 1 월부터 2012 년 12 월로 제한한 후, 자료의 여러 가지 특성을 살펴보겠습니다.

```
seoul = seoul[8:56] # 2009 년 1 월부터 2012 년 12 월까지로 자료를 제한
print(seoul.shape)
```

```
(48,)
```

```
print(type(seoul))
```

```
<class 'numpy.ndarray'>
```

print(seoul.dtype) # 저장된 변수의 타입을 표시

```
[('loc_num', '<i8'), ('loc_name', '<U2'), ('date', '<U7'), ('conc', '<i8')]
```

print(seoul[0:5]) # PM10(seoul) 자료의 5 번째 행까지 출력

```
[(108, '서울', '2009-01', 57), (108, '서울', '2009-02', 81),
 (108, '서울', '2009-03', 59), (108, '서울', '2009-04', 63),
 (108, '서울', '2009-05', 56)]
```

print(seoul['date'][0:5]) # 변수 이름을 이용해서 5 번째 행까지 값을 출력
# 위의 변수 seoul 을 불러오는 함수 genfromtxt()에서 특별히 "names" 옵션을 지정하였기
# 때문에 현재 변수 seoul 은 "structured dtype"이라는 특수한 상태여서 이렇게 'date'라는
# 이름으로 구분 짓는 게 가능하게 되었습니다. 일반적인 dtype 인 int, float, bool 등은
# 위와 같은, 마치 딕셔너리같은 기능을 지원하지 않습니다.
# 참고: https://numpy.org/doc/stable/reference/arrays.dtypes.html

```
['2009-01', '2009-02', '2009-03', '2009-04', '2009-05']
```

print(seoul['conc'][0:5]) # 변수 이름을 이용해서 5 번째 행까지 값을 출력

```
[57, 81, 59, 63, 56]
```

plt.plot(seoul['conc']);
plt.show() # 그림 창 띄우기

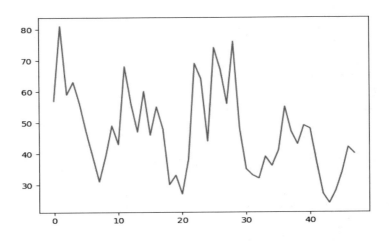

### 2-2-3. 기본적인 통계기법 사용

기본적인 통계 기법을 사용하기 위해, PM10 값만을 뽑아 seoul_values 라는 변수에 저장합니다.

seoul_values = seoul['conc']

다음은 간단한 통계 처리 방법들의 예시입니다.

seoul_values.min()  # 최소값; np.min(seoul_values)도 같은 결과

```
24
```

seoul_values.max()  # 최대값; np.max(seoul_values)도 같은 결과

```
81
```

```
seoul_values.mean()  # 평균; np.mean(seoul_values)도 같은 결과
```

```
47.083333333333336
```

```
seoul_values.std()  # 표준편차; np.std(seoul_values)도 같은 결과
```

```
13.845627067377228
```

```
seoul_values.sum()  # 합계; np.sum(seoul_values)도 같은 결과
```

```
2260
```

```
np.sum(seoul_values)  # 합계, seoul_values.sum()과 값이 동일
```

```
2260
```

## 2-2-4. 자료 저장

seoul 변수의 PM10 값만 뽑아서 다음과 같이 csv(comma-separated value) 파일 형식의
아스키파일로 저장해 줄 수 있습니다.

```
np.savetxt('seoul_pm_values.csv',
            [seoul['conc']], fmt='%.1f', delimiter = ',')
# 소수점 1 번째 자리까지만 자료 저장
```

저장한 'seoul_pm_values.csv'의 헤더를 확인해 보면 한 줄로 길게 숫자들이 ","로 구분되어 저장된 것을 확인할 수 있습니다.

```
> head seoul_pm_values.csv
```

```
57.0,81.0,59.0,63.0,56.0,47.0,39.0,31.0,39.0,49.0,43.0,68.0,56.0,47.0,
60.0,46.0,55.0,48.0,30.0,33.0,27.0,38.0,69.0,64.0,44.0,74.0,67.0,56.0,
76.0,48.0,35.0,33.0,32.0,39.0,36.0,41.0,55.0,47.0,43.0,49.0,48.0,37.0,
27.0,24.0,28.0,34.0,42.0,40.0
```

물론 바이너리 형태로도 저장할 수 있습니다.

```
f = open('seoul_pm_values.bin', 'wb') # 'w': write, 'b': binary
seoul['conc'].tofile(f)
f.close()
```

리눅스나 OSX 의 경우 아래와 같이 ls 명령어로 윈도우즈의 경우 dir 명령어로 파일 생성을 확인할 수 있습니다.

```
> ls seoul_pm_values.bin  # system 에서 파일 확인
```

```
seoul_pm_values.bin
```

## 2-2-5. 자주 사용되는 함수

앞 절에서 사용된 np.mean(), np.sum() 등 외에도 자료 통계 처리, 분석 및 연산 등에 자주 사용되는 Numpy 함수들 몇 개를 나열해 보자면 다음과 같습니다.

- np.array([list]): 리스트(list)를 배열로 변환

- np.arange(a): 0 부터 a 미만의 1 간격으로 1 차원 배열 생성

- np.arange(a, b, c): a 부터 b 미만 c 간격으로 1 차원 배열 생성

- np.random.random(a): a 개의 난수(0~1)를 만들어서 1 차원 배열 생성

- np.random.random((a,b)): 난수 a x b 차원의 배열 생성

- np.zeros((a,b)): 모든 값이 0 인 a x b 차원의 배열 생성

- np.ones((a, b)): 모든 값이 1 인 a x b 차원의 배열 생성

- np.eye(a): a x a 단위 행렬 생성

- A.dot(B): 배열 A 와 배열 B 의 행렬 곱셈

- np.dot(A, B): 배열 A 와 배열 B 의 행렬 곱셈

- np.reshape(A, [b, c]) 또는 A.reshape([b, c]): 배열 A 를 b x c 차원으로 변환

- np.where([조건], a, b): 배열 [조건]에 해당되면 a 를, 만약 해당되지 않으면 b 로 배열 생성

- A.shape: 배열 A 의 차원 출력

Numpy 함수의 기본형은 Numpy.func() 인데, 어떤 함수들의 경우 배열에 직접 연결하여 사용할 수 있습니다(예: np.reshape(A, [b, c]) 또는 A.reshape([b, c])). 이것은 Numpy 함수의 일부가 "ndarray" 클래스의 method 로 정의되었기 때문입니다. 이외에도 Numpy 함수들에 대한 기본적인 내용들은 https://numpy.org/doc/stable/user/index.html 를 참조하길 바랍니다. 사용 가능한 Numpy 함수들의 목록은 https://numpy.org/doc/stable/reference/routines.html 에서 확인할 수 있습니다.

함수들이 어떻게 사용되고 어떤 기능을 하는지는 아래와 같이 np.arange(), np.where() 함수에 대해서만 간단히 살펴보겠습니다.

```
A = np.arange(9) # 0~8 까지의 1 차원 배열 A 를 생성
print(A)
```

```
[0, 1, 2, 3, 4, 5, 6, 7, 8]
```

np.where(A%2==1) # 배열 A 의 값이 홀수인 인덱스(index)를 알려줌

```
(array([1, 3, 5, 7]), )
```

np.where(A%2==1, A, 0)  # 배열 A 의 값이 홀수이면 본래 값으로, 짝수이면 0 으로 변환

```
array([0, 1, 0, 3, 0, 5, 0, 7, 0])
```

np.where((A > 3) & (A < 7), A, -1)   # 배열의 and 구문

```
array([-1, -1, -1, -1, 4, 5, 6, -1, -1])
```

np.where((A < 3) | (A > 7), A, -1)   # 배열의 or 구문

```
array([ 0, 1, 2, -1, -1, -1, -1, -1, 8])
```

np.where()는 격자자료에서 Mask field 를 만들 때 유용하게 사용될 수 있으며, 이후 활용 예제에서 추가로 다루기로 하겠습니다.

## 2-3. 다양한 형식의 파일 다루기(Binary, MATLAB, NetCDF, HDF)

앞서 아스키파일로부터 자료를 읽고 다양한 Numpy 함수를 적용해 봤습니다. 이번 절에서는 그 외 다양한 형태의 자료를 어떻게 다루는지 알아보겠습니다. 이번 절의 내용은 http://earthpy.org/04_work_with_different_data_formats.html 의 내용을 토대로 해서 작성되었음을 밝힙니다.

### 2-3-1. Binary 자료

바이너리 자료를 읽고 확인하기 위하여 다음과 같이 Numpy 와 Matplotlib 패키지가 필요합니다.

```
import numpy as np
import matplotlib.pyplot as plt
```

### 2-3-1-1. 바이너리자료 읽기

예시로 사용할 바이너리 파일은 Sea Ice Concentrations from Nimbus-7 SMMR and DMSP SSM/I-SSMIS Passive MicrowaveData [1] 입니다. National Snow and Ice Data Center 사이트[2]에서 자료를 직접 다운받을 수 있으며, 여의치 않을 경우 아래 구글 드라이브 링크에서 자료를 다운받을 수 있습니다.

(https://drive.google.com/file/d/1F8NsWM_CqFlc5DRR6OWkkc601Muz0oMi/view?usp=sharing)

```
> ls -l nt_20180731_f17_v1.1_n.bin   # 다운받은 자료 확인
```

[1] Cavalieri, D. J., C. L. Parkinson, P. Gloersen, and H. J. Zwally. 1996, updated yearly. Sea Ice Concentrations from Nimbus-7 SMMR and DMSP SSM/I-SSMIS Passive Microwave Data, Version 1. [Indicate subset used]. Boulder, Colorado USA. NASA National Snow and Ice Data Center Distributed Active Archive Center. doi: https://doi.org/10.5067/8GQ8LZQVL0VL. [April 5th, 2020].

[2] National Snow and Ice Data Center. (n.d.). Sea Ice Concentrations from Nimbus-7 SMMR and DMSP SSM/I-SSMIS Passive Microwave Data, Version 1. Retrieved from https://nsidc.org/data/nsidc-0051

```
-rw-r--r-- 1 user intern 136492 Apr  5 18:49 nt_20180731_f17_v1.1_n.bin
```

이제 파이썬을 실행하고 Numpy 패키지를 이용하여 다운받은 바이너리 파일을 읽어 옵니다. 이 바이너리 파일은 uint8 자료형(unsigned integer 8-bit)으로 기록되었습니다. Numpy 에서 제공하는 다양한 자료형에 관해선 https://numpy.org/doc/stable/user/basics.types.html 를 참조하시기 바랍니다.

```python
import numpy as np
import matplotlib.pyplot as plt
ice = np.fromfile('nt_20180731_f17_v1.1_n.bin', dtype='uint8')   # 바이너리 파일 읽어
오기
print(ice.shape)
```

```
(136492,)
```

np.fromfile() 함수를 이용해 자료를 읽은 후 차원을 확인해 보면 길이가 136492 인 1 차원 배열임을 알 수 있습니다. unit8 자료형은 숫자 하나가 1Byte 를 차지하므로 파일의 크기와 배열의 길이가 같음을 알 수 있습니다.

한편 다운받은 해빙 자료는 300-byte descriptive header 로 구성되어 있습니다. 따라서 다음과 같이 300 번째 항목 이후의 자료를 가져온 후, 자료의 차원을 바꿔 줍니다.

```python
ice = ice[300:]
ice = ice.reshape([448,304])  # 304 개의 항목들이 448 번 반복되는 형태
print(ice.shape)  # ice 변수의 배열이 재구성된 것을 확인
```

```
(448, 304)
```

2 차원 배열 형태의 자료를 간단히 시각화할 때는 imshow() 함수를 이용할 수 있습니다.

```
plt.imshow(ice, cmap = 'jet')
plt.colorbar()   # colorbar 그리기
plt.show()
```

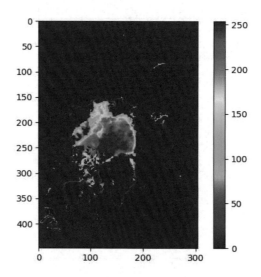

```
# 해빙면적 변환 fractional parameter range of 0-1
ice = ice/250.
plt.imshow(ice, cmap = 'jet')
plt.colorbar(); plt.show()
```

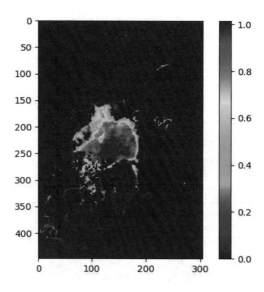

받은 자료가 2018 년 7 월 값이라 해빙면적이 북극해 일부만 덮고 있음을 간단히 확인할 수 있습니다. 이때 ice 를 250 으로 나눠 주는 과정에서 정수값(uint8)으로 저장되었던 자료가 실수값(float64)으로 변했음을 아래와 같이 확인할 수 있습니다.

```
print(ice.dtype)
```

```
float64
```

한편 육지와 결측지점에 대한 자료를 아래와 같이 "masked_array" 형태로 변환하여 가릴 수 있습니다(참고: https://numpy.org/doc/stable/reference/maskedarray.generic.html#what-is-a-masked-array).

```
# np.ma.masked_greater(x, value) : x 가 value 보다 크면 mask 적용
ice_masked = np.ma.masked_greater(ice, 1.0)

plt.imshow(ice_masked, cmap = 'Blues')
plt.colorbar()
plt.show()
```

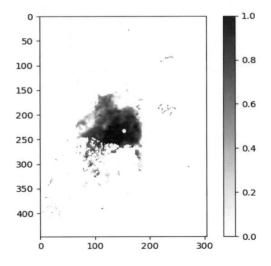

마스크(mask)가 적용된 육지와 결측지점은 색칠되지 않고 배경색(여기에서는 흰색)으로 나타납니다. 그런데 위 그림에선 0.0 근처의 값이 흰색으로 칠해지기 때문에, 흰색 영역이 결측지점인지 아니면 해빙이 없는 지역인지 분간이 안 되는 단점이 있습니다.

결측치와 실제 자료에 대한 색깔을 구분 가능하게 만드는 방법은 여러 가지가 있습니다. 먼저 아래와 같이 plt.imshow()에서 vmin 과 vmax 를 이용해 색칠할 자료 범위를 조절해 줄 수 있습니다.

```
plt.imshow()(ice_masked, cmap = 'Blues', vmin = -0.5, vmax = 1) # 값이 -0.5 일 때 흰색,
1 일 때 파란색을 부여하여 실제 해빙(값=1)과 해양(값=0)은 파랑~연파랑의 색을 띠어서 mask 가
적용된 육지(색 할당이 안 되어 배경색인 흰색으로 보임)와 구별
plt.colorbar()
plt.show()
```

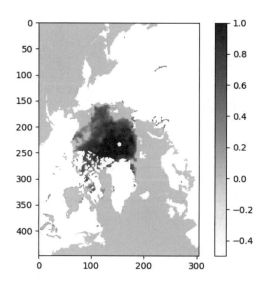

위 예시의 경우 결측지점과 실제 자료가 존재하는 지점을 색깔로 구분할 수 있지만, 컬러바의 범위가 앞선 그림과 달라지게 됩니다. 컬러바의 눈금 범위를 조정하는 방법에 '대해선 3-5-2 절'에서 소개하도록 하겠습니다.

또는 배경색(흰색)이 포함 안 된 색지도(colormap)를 적용해 문제를 간단하게 해결할 수도 있습니다. 아래 예시에선 색지도(colormap) "winter_r"를 사용했습니다. 일반적으로 색지도(colrormap) 이름 뒤에 "_r"를 붙이면 색지도(colormap)의 색깔 순서를 뒤집을 수 있습니다.

```
plt.imshow(ice_masked, cmap = 'winter_r')
plt.colorbar()
plt.show()
```

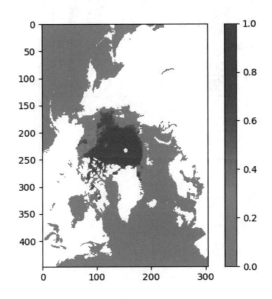

마지막으로 set_bad() 함수를 이용하는 방법을 소개하겠습니다. 그림으로 나타내려는 자료가 "masked_array"인 경우, set_bad() 함수를 쓰면 마스크(mask)가 적용된 지역에 대한 색깔을 지정해 줄 수 있습니다. 가령 해빙 관측 지역을 파란색 계열로 색칠하고, 육지와 결측지점만 따로 회색으로 색칠된 그림을 그리고자 한다면 다음과 같이 코드를 작성해 실행해 주면 됩니다.

```
cm= plt.cm.get_cmap('Blues')  # 색지도 불러오기
cm.set_bad(color='gray')  # 현재 색지도에서 에러영역의 색을 회색으로 표시, 즉 마스크된
육지 지역을 회색으로 표출
plt.imshow(ice_masked, cmap = cm)
plt.colorbar()
```

```
plt.show()
```

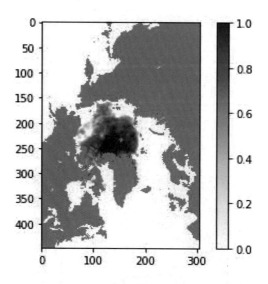

## 2-3-1-2. 바이너리 자료 저장

바이너리 자료의 저장은 읽기만큼이나 간단합니다.

```
fid = open('My_ice_20180731_448x304_float64.bin', 'wb') # 'w': write, 'b': binary
#참고: 바이너리 파일 이름에 자료의 차원과 자료형을 명시해 주면 파일명만 봐도 내용을 쉽게
파악할 수 있습니다.
ice.tofile(fid)
fid.close()
```

또는 다음과 같이 with 문을 사용할 수 있습니다. with 문을 사용하면 파일이 자동으로 닫히기

때문에 close()를 사용할 필요가 없습니다.

```
with open("My_ice_20180731_448x304_float64.bin", "wb") as fid:
    ice.tofile(fid)
```

저장된 파일을 다음과 같이 확인할 수 있습니다.

```
> ls -l My_ice_20180731_448x304_float64.bin   # 자료 확인
```

```
-rw-r--r-- 1 user intern 1089536 Apr  5 19:09 My_ice_20180731_448x304_float64.bin
```

위에서 저장된 바이너리 파일 크기인 1089536Byte 는 float64 자료형이 8Bytes 이기 때문에 448x304x8 의 결과임을 알 수 있습니다.

바이너리 파일을 저장할 때, 때로는 자료형(data type)을 변환할 필요가 있습니다. 그럴 때는 numpy.ndarray.astype() 함수를 이용합니다. 예를 들어 8Byte 실수형인 위의 자료를 4Byte 실수형으로 저장하고 싶다면 다음과 같이 astype()을 배열에 연결합니다.

```
with open("My_ice_20180731_448x304_float32.bin", "wb") as fid:
    ice.astype(np.float32).tofile(fid)   # ice 의 자료형을 4 바이트 실수형으로 변환한 후에 저장
```

## 2-3-2. MATLAB 자료

MATLAB(.mat)이나 netCDF3 파일 형식을 사용하기 위하여 Scipy 패키지를 이용할 수 있습니다. Scipy 는 파이썬 기반의 과학/공학 분석을 위한 과학적 컴퓨팅 영역의 여러 작업을 위한 패키지입니다. Scipy 는 기본적으로 Numpy, Matplotlib, Pandas, Sympy 등과 함께 동작하고, 아래 리스트와 같이 다양한 통계관련 도구를 제공합니다. Numpy 와 Scipy 를 함께 사용하면 확장 애드온을 포함한 MATLAB 을 완벽하게 대체할 수 있습니다.

- Special functions
- Integration

59

- Optimization

- Interpolation

- Fourier Transforms

- Signal Processing

- Linear Algebra

- Sparse Eigenvalue Problems

- Statistics

- Multi-dimensional image processing

- File IO

이와 같이 다양한 scipy 기능 중에서 이번 절에서는 scipy.io 패키지를 이용하여 MATLAB 자료를 저장하고 읽어 보겠습니다.


### 2-3-2-1. MATLAB 파일 (.mat) 저장하기

MATLAB 자료 활용 예시를 위해 2-3-1 절에서 사용했던 해빙 자료를 MATLAB 파일 형식으로 먼저 저장해보겠습니다. 우선 다음 패키지들을 불러옵니다.

```
from scipy.io import loadmat, savemat  # scipy.io 패키지를 이용하여 MATLAB 자료
형식으로 저장하고 읽기
import numpy as np
import matplotlib.pyplot as plt  # 자료에 대한 그림을 그릴 때 사용
```

자료를 MATLAB 파일 형식으로 저장하는 방법은 바이너리 자료 저장 방법과 유사합니다.

```
ice        =        np.fromfile('My_ice_20180731_448x304_float64.bin',        dtype=
'float').reshape([448,304])  # 바이너리 파일 읽어 오기
savemat('My_ice_20180731_448x304.mat',{'ice':ice}) #
My_ice_20180731_448x304.mat 라는 파일을 만들어 ice 변수를 저장함
```

저장된 파일을 다음과 같이 확인할 수 있습니다.

```
> ls -l My_ice_20180731_448x304.mat   # 자료 확인
```

```
-rw-r--r-- 1 user intern 1089720 Apr  5 19:09 My_ice_20180731_448x304.mat
```

## 2-3-2-2. MATLAB 파일 (.mat) 읽기

앞서 저장한 MATLAB 파일을 엽니다.

```
all_variables = loadmat('My_ice_20180731_448x304.mat')
```

파일 안에 어떤 변수가 있는지는 아래 명령어로 확인합니다.

```
print(all_variables.keys())
```

```
dict_keys(['__header__', '__version__', '__globals__', 'ice'])
```

앞서 배웠던 Numpy 의 array() 함수를 이용하여, 위 자료 중 ice(해빙 면적)를 읽습니다.

```
# all variables 의 ice 자료를 읽어서 배열 Ice 만들기
Ice = np.array(all_variables['ice'])
```

자료의 차원과 크기를 확인합니다.

```
print(Ice.shape)   # Ice 배열 크기
```

```
(448, 304)
```

Ice 변수의 값을 확인해 보면 2-3-1-1 절과 동일한 그림이 그려져 자료를 정상적으로 저장하고
읽었다는 것을 알 수 있습니다.

```
plt.imshow(Ice, cmap = 'jet')
plt.colorbar()
plt.show()
```

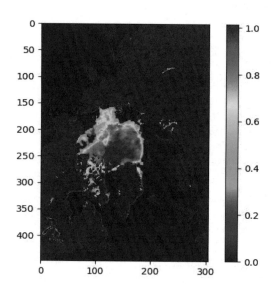

### 2-3-3. NetCDF4 자료

### 2-3-3-1. netCDF 파일 (.nc) 읽기

2-3-2 에서 언급된 Scipy 는 netCDF 파일을 다루기 위한 함수들을 제공합니다만 버전 3 까지만
지원한다는 단점이 있습니다(scipy.io.netcdf). 따라서, 여기에서는 netCDF4 자료의 처리를 위해
보다 다양하고 많은 함수를 제공하는 파이썬의 netCDF4 패키지를 사용하고자 합니다.

먼저 NCEP reanalysis data(https://psl.noaa.gov/data/reanalysis/reanalysis.shtml)에서 2019 년 2m 기온 일평균 자료를 다운로드합니다.

```
> wget
ftp://ftp.cdc.noaa.gov/Datasets/ncep.reanalysis.dailyavgs/surface_gauss/air.2m.gauss.
2019.nc
```

```
> ls 'air.2m.gauss.2019.nc'   # 자료 확인
```

```
air.2m.gauss.2019.nc
```

자료 처리를 위한 첫 번째 단계로, 필요한 패키지를 불러옵니다.

```
from netCDF4 import Dataset
import matplotlib.pyplot as plt  # 자료에 대한 그림을 그릴 때 사용
```

다운받은 파일을 읽어 옵니다.

```
ncfile = Dataset('air.2m.gauss.2019.nc')
print(ncfile) # netCDF4 파일의 methods 와 attributes 를 가지고 있는 object 정보
```

```
<class 'netCDF4._netCDF4.Dataset'>
root group (NETCDF4_CLASSIC data model, file format HDF5):
    Conventions: COARDS
    title: mean daily NMC reanalysis (2014)
    history: created 2017/12 by Hoop (netCDF2.3)
    description: Data is from NMC initialized reanalysis
(4x/day).  It consists of T62 variables interpolated to
pressure surfaces from model (sigma) surfaces.
    platform: Model
```

```
dataset_title: NCEP-NCAR Reanalysis 1
References: http://www.psl.noaa.gov/data/gridded/data.ncep.reanalysis.html
dimensions(sizes): lat(94), lon(192), time(365), nbnds(2)
variables(dimensions): float32 lat(lat), float32 lon(lon), float64 time(time), float32
air(time,lat,lon), float64 time_bnds(time,nbnds)
groups:
```

파일의 기본정보를 확인합니다.

```
print(ncfile.history)
```

```
created 2017/12 by Hoop (netCDF2.3)
```

```
print(ncfile.description)
```

```
Data is from NMC initialized reanalysis
(4x/day).  It consists of T62 variables interpolated to
pressure surfaces from model (sigma) surfaces.
```

파일의 변수정보는 다음과 같이 확인할 수 있습니다.

```
print(ncfile.variables)
```

```
OrderedDict([('lat', <class 'netCDF4._netCDF4.Variable'>
float32 lat(lat)
    units: degrees_north
    actual_range: [ 88.542 -88.542]
    long_name: Latitude
    standard_name: latitude
    axis: Y
unlimited dimensions:
```

current shape = (94,)
filling on, default _FillValue of 9.969209968386869e+36 used
), ('lon', <class 'netCDF4._netCDF4.Variable'>
float32 lon(lon)
   units: degrees_east
   long_name: Longitude
   actual_range: [ 0.  358.125]
   standard_name: longitude
   axis: X
unlimited dimensions:
current shape = (192,)
filling on, default _FillValue of 9.969209968386869e+36 used
), ('time', <class 'netCDF4._netCDF4.Variable'>
float64 time(time)
   long_name: Time
   delta_t: 0000-00-01 00:00:00
   avg_period: 0000-00-01 00:00:00
   standard_name: time
   axis: T
   units: hours since 1800-01-01 00:00:0.0
   coordinate_defines: start
   actual_range: [1919712. 1928448.]
unlimited dimensions: time
current shape = (365,)
filling on, default _FillValue of 9.969209968386869e+36 used
), ('air', <class 'netCDF4._netCDF4.Variable'>
float32 air(time, lat, lon)
   long_name: mean Daily Air temperature at 2 m
   units: degK
   precision: 2
   least_significant_digit: 1
   GRIB_id: 11
   GRIB_name: TMP
   var_desc: Air temperature
   dataset: NCEP Reanalysis Daily Averages
   level_desc: 2 m
   statistic: Mean
   parent_stat: Individual Obs
   missing_value: -9.96921e+36
   valid_range: [150. 400.]

```
    actual_range: [171.8  316.625]
unlimited dimensions: time
current shape = (365, 94, 192)
filling on, default _FillValue of 9.969209968386869e+36 used
), ('time_bnds', <class 'netCDF4._netCDF4.Variable'>
float64 time_bnds(time, nbnds)
unlimited dimensions: time
current shape = (365, 2)
filling on, default _FillValue of 9.969209968386869e+36 used
)])
```

위에서 확인된 변수(lat/lon/time/air) 중 air 자료를 따로 저장합니다. 이때 아래 코드의 1 번째 줄과 같이 변수를 읽으면 netCDF4 클래스 변수로 저장되어 actual_range(), long_name(), units()와 같은 함수를 사용해 변수의 특성을 쉽게 파악할 수 있습니다. 한편 2 번째 줄과 같이 변수를 읽으면 Numpy 배열(정확히는 masked array)로 자료를 읽기 때문에 이 함수들을 적용할 수 없습니다.

```
tas = ncfile.variables['air']  # 2m air_temperature 변수를 netCDF4 클래스 변수 tas 에 저장
#tas = ncfile.variables['air'][:]  # 2m air_temperature 변수를 Numpy 배열 변수 tas 에 저장
```

air 변수의 정보를 다음과 같이 확인해 보겠습니다.

```
print(tas.actual_range)  # 저장된 변수의 값의 범위를 확인 <171K ~ 317K>
```

```
[171.8  316.625]
```

```
print(tas.long_name)  # 자료의 long_name 확인
```

```
mean Daily Air temperature at 2 m
```

```
print(tas.units)  # 자료의 단위를 출력 <degree K>
```

```
degK
```

```
print(tas.shape)  # 자료의 격자 정보를 확인 (365 일, 위도 개수, 경도 개수)
```

```
(365, 94, 192)
```

자료를 그림으로 확인해 보겠습니다. 이때 air[0,:,:]과 같이 슬라이싱을 하면 Numpy 배열로 변환되어 Pyplot 함수를 사용해 그림을 그릴 수 있습니다.

```
tas0 = tas[10,:,:] # 자료의 10 번째 time-step 값(Numpy masked array 로 변환됨)

plt.imshow(tas0, cmap = 'jet')  # 자료의·10 번째 time-step 의 값을 그림으로 출력
plt.colorbar() # 컬러바 표시
plt.show() # 그림 창 띄우기
```

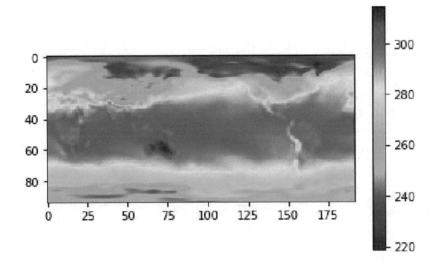

## 2-3-3-2. netCDF 파일 저장하기

netCDF(.nc) 파일을 만들고 2-3-3-1 에서 읽은 2m 기온 자료를 저장해 보겠습니다.

먼저 변수만 간단히 저장하는 방법입니다.

```
fw = Dataset('test_netcdf.nc', 'w')  # .nc 파일 생성
fw.createDimension('t', 365)  # dimension 만들기
fw.createDimension('y', 94)
fw.createDimension('x', 192)

tas_var = fw.createVariable('tas', 'float32', ('t', 'y', 'x'))  # 변수명과 자료형, 격자정보 지정
tas_var[:] = tas[:]  # 모든 격자 자료를 복사
fw.close()  # 저장하고 끝내기
```

```
> ls test_netcdf.nc  # 자료 확인
```

```
test_netcdf.nc
```

```
fnc = Dataset('test_netcdf.nc')
print(fnc.variables)
```

```
OrderedDict([('tas', <class 'netCDF4._netCDF4.Variable'>
float32 tas(t, y, x)
unlimited dimensions:
current shape = (365, 94, 192)
filling on, default _FillValue of 9.969209968386869e+36 used
)])
```

한편 다음과 같이 시간, 격자, 변수 등 자료의 특성을 상세히 기록해 저장할 수도 있습니다.

```
fw = Dataset('test_netcdf2.nc', 'w')

fw.createDimension('TIME', 365)  # dimension 만들기
fw.createDimension('LATITUDE', 94)
fw.createDimension('LONGITUDE', 192)

time = fw.createVariable('TIME', 'f', ('TIME',))  # 변수 만들기
time[:] = ncfile.variables['time'][:]  # 앞서 불러온 nc 파일에서 time 정보를 읽어서, 새로 만든
nc 파일에 쓰기
time.units = 'hours since 1-1-1 00:00:0.0'  # 시간 단위

lat = fw.createVariable('LATITUDE', 'f', ('LATITUDE',))
lat[:] = ncfile.variables['lat'][:]

lon = fw.createVariable('LONGITUDE', 'f', ('LONGITUDE',))
lon[:] = ncfile.variables['lon'][:]

ha = fw.createVariable('New_tas','f', ('TIME', 'LATITUDE', 'LONGITUDE'))
ha[:] = tas[:]
ha.missing_value = -9999.  # 자료 값의 missing value 처리

fw.close()
```

```
> ls test_netcdf2.nc  # 자료 확인
```

```
test_netcdf2.nc
```

새로 만든 netCDF 파일 정보를 읽어서 앞서 2-3-3-1 절에서 살펴본 변수 정보와 비교했을 때 변수
이름, 단위, 결측값(missing value) 등이 어떻게 달라졌는지는 다음과 같이 확인할 수 있습니다.

```
fnc2 = Dataset('test_netcdf2.nc')
print(fnc2.variables)
```

```
OrderedDict([('TIME', <class 'netCDF4._netCDF4.Variable'>
float32 TIME(TIME)
    units: hour since 1-1-1 00:00:0.0
unlimited dimensions:
current shape = (365,)
filling on, default _FillValue of 9.969209968386869e+36 used
), ('LATITUDE', <class 'netCDF4._netCDF4.Variable'>
float32 LATITUDE(LATITUDE)
unlimited dimensions:
current shape = (94,)
filling on, default _FillValue of 9.969209968386869e+36 used
), ('LONGITUDE', <class 'netCDF4._netCDF4.Variable'>
float32 LONGITUDE(LONGITUDE)
unlimited dimensions:
current shape = (192,)
filling on, default _FillValue of 9.969209968386869e+36 used
), ('New_tas', <class 'netCDF4._netCDF4.Variable'>
float32 New_tas(TIME, LATITUDE, LONGITUDE)
    missing_value: -9999.0
unlimited dimensions:
current shape = (365, 94, 192)
filling on, default _FillValue of 9.969209968386869e+36 used
)])
```

## 2-3-4. Hierarchical Data Format version 5(HDF5) 자료

### 2-3-4-1. HDF5 파일(.hdf5) 읽기

HDF5 형식 역시 다양한 자료에서 널리 쓰이는 형식 중 하나입니다. 여기에서는 Integrated Multi-Satellite Retrievals for Global Precipitation Measurement(IMERG; Huffman and coauthors,

2018[3]) Level-3 강수자료(Research/Final run)[4]를 이용하여 HDF5 파일을 읽고 쓰는 간단한 방법을 알아보겠습니다.

예제에 사용될 자료는 IMERG v06B (Final Run)의 30 분간 자료 중 2018 년 1 월 1 일 00h00m 자료입니다(3B-HHR.MS.MRG.3IMERG.20180101-S000000-E002959.0000.V06B.HDF5).

```
> ls '3B-HHR.MS.MRG.3IMERG.20180101-S000000-E002959.0000.V06B.HDF5'  # 자료
확인
```

```
3B-HHR.MS.MRG.3IMERG.20180101-S000000-E002959.0000.V06B.HDF5
```

자료 처리를 위한 첫 번째 단계로, 필요한 패키지를 불러옵니다. HDF5 형식의 파일을 다루기 위해서는 h5py 패키지가 필요합니다. h5py 는 아나콘다를 이용해 설치된 파이썬에 기본 장착된 패키지 중 하나입니다.

```
import h5py
```

다운받은 파일을 읽어 옵니다.

```
fname='3B-HHR.MS.MRG.3IMERG.20180101-S000000-E002959.0000.V06B.HDF5'
hdf_f = h5py.File(fname,'r')
print(type(hdf_f))  # 읽어 들인 자료형을 확인
```

```
<class 'h5py._hl.files.File'>
```

---

[3] Huffman, G. J., & Coauthors. (2018). GPM Integrated Multi-Satellite Retrievals for GPM (IMERG) Algorithm Theoretical Basis Document (ATBD) v5.2. NASA. Retrieved from https://gpm.nasa.gov/resources/documents/gpm-integrated-multi-satellite-retrievals-gpm-imerg-algorithm-theoretical-basis

[4] http://dx.doi.org/10.5067/GPM/IMERG/3B-HH/05. 더하여 자료를 받을 수 있는 곳은 https://gpm.nasa.gov/data-access/downloads/gpm 입니다.

HDF5 파일 내부의 변수는 key 라고 불립니다. 위에서 불러온 파일 내부에 있는 모든 key 를 확인해 보겠습니다.

```
h5keys=[]    # 빈 리스트를 준비
hdf_f.visit(h5keys.append) # visit() 함수를 이용해 모든 key 를 방문하고 리스트에 저장
for i,key_name in enumerate(h5keys):  # 각 key 에 번호를 붙여서 출력
    print("{}: {}".format(i,key_name))
```

```
0: Grid
1: Grid/HQobservationTime
2: Grid/HQprecipSource
3: Grid/HQprecipitation
4: Grid/IRkalmanFilterWeight
5: Grid/IRprecipitation
6: Grid/lat
7: Grid/lat_bnds
8: Grid/latv
9: Grid/lon
10: Grid/lon_bnds
11: Grid/lonv
12: Grid/nv
13: Grid/precipitationCal
14: Grid/precipitationQualityIndex
15: Grid/precipitationUncal
16: Grid/probabilityLiquidPrecipitation
17: Grid/randomError
18: Grid/time
19: Grid/time_bnds
```

위 결과를 바탕으로 우리가 관심 있는 강수자료인 "precipitationCal" 변수는 14 번째(index=13)에 위치함을 알 수 있습니다. 이 14 번째 변수의 더 자세한 내용을 출력해 보겠습니다.

```
it=13  # 관심 있는 변수의 번호
print("\nDetails of {}".format(h5keys[it]))
pr=hdf_f[h5keys[it]]  # 특정 변수 자료만 불러오기
```

```
for (name, val) in pr.attrs.items():
    print("Name: {}".format(name))
    print("\tValues: {}".format(val))
```

```
Details of Grid/precipitationCal
Name: DimensionNames
        Values: b'time,lon,lat'
Name: Units
        Values: b'mm/hr'
Name: units
        Values: b'mm/hr'
Name: coordinates
        Values: b'time lon lat'
Name: _FillValue
        Values: -9999.900390625
Name: CodeMissingValue
        Values: b'-9999.9'
Name: DIMENSION_LIST
        Values: [array([<HDF5 object reference>], dtype=object)
 array([<HDF5 object reference>], dtype=object)
 array([<HDF5 object reference>], dtype=object)]
```

위에서 pr 변수에 저장된 HDF5 파일의 특정 변수값은 netCDF 파일의 예와 마찬가지로 슬라이싱을 통해 Numpy 배열 형태로 바뀌게 됩니다.

```
print(type(pr))
pr=pr[:]  # 슬라이싱
print(type(pr))
```

```
<class 'h5py._hl.dataset.Dataset'>
<class 'numpy.ndarray'>
```

위에서 저장한 "precipitationCal"에 더하여 위/경도 정보도 읽어 들이고 값을 확인해 보겠습니다.
경도("lon") 변수는 10 번째(index=9)이고 위도("lat")는 7 번째(index=6)입니다.

```
lons=hdf_f[h5keys[9]][:]  # 경도 정보
lats=hdf_f[h5keys[6]][:]  # 위도 정보
print(lons.shape, lats.shape, pr.shape ,pr.dtype) # 읽어 들인 자료의 차원과 크기를 확인
print(lons[[0,-1]], lats[[0,-1]], pr.min(), pr.max())  # 읽어 들인 자료 값의 범위를 확인.
위/경도의 경우 배열의 첫번째 값과 끝 값을 확인.
```

```
 (3600,) (1800,) (1, 3600, 1800) float32
[-179.95  179.95] [-89.95  89.95] -9999.9 73.439995
```

이제 원하는 정보는 다 읽어 들였으므로 HDF5 파일 객체를 닫습니다. 그리고, pr 변수의 경우, 읽어
들인 HDF5 파일에 저장된 자료가 특정 시간의 자료이기 때문에 시간을 뜻하는 0 번째 축은 크기가
1 이며, 1 번째 축의 크기는 경도와 같음에 주의합니다. 파이썬에서 일반적으로 통용되는 변수의
저장 순서는 ["시간","위도","경도"]이므로, pr 변수는 전치(transpose)를 시킵니다.

```
hdf_f.close() # 파일 닫기

pr=pr[0,:,:].T # 전치(Transpose)
print(pr.shape) # 변화된 차원의 크기를 확인
```

```
(1800, 3600)
```

읽어 들인 강수 자료를 가지고 손실된 자료의 비율과 정상 자료 중 강수가 0 인 격자의 비율을 계산해
보겠습니다.

```
total_size=pr.shape[0]*pr.shape[1] # 전체 격자 개수
undef=pr.min() # 손실 자료 대표값을 정의

index_ms= pr==undef # 손실된 자료를 선별
print("Missings = {:.1f}%".format(index_ms.sum()/total_size*100)) # 소수점 1 자리까지만
출력
# 파이썬에서 참(True)값은 1, 거짓(False)값은 0 을 뜻하므로 index_ms 의 전체 합은 참값의
```

74

전체 개수와 같음
```
index_0= pr==0   # 강수 값이 0 인 자료를 선별
print("No-rain = {:.1f}%".format(index_0.sum()/(total_size-index_ms.sum())*100))
```

```
Missings = 26.8%
No-rain = 85.9%
```

IMERG 0.1-deg 30 분 자료의 경우 고위도 지역은 대부분 유실된 사실과 합치하는 결과입니다.


## 2-3-4-2. HDF5 파일 저장하기

앞 절에서 전치(transpose)하고 2 차원으로 다듬은 pr 변수와 위/경도 정보를 "pcal_20180101_00h00m.hdf5"라는 이름으로 저장해 보겠습니다.

```
outfn = 'pcal_20180101_00h00m.hdf5'
with h5py.File(outfn, 'w') as f:
    dset1 = f.create_dataset("lon",data=lons)
    dset2 = f.create_dataset("lat",data=lats)
    dset3 = f.create_dataset("pcal", data=pr, dtype='f4', compression="gzip")

    f["lon"].dims[0].label='lon'
    #dset1.dims[0].label='lon'도 위와 동일

    #f["lat"].dims[0].label='lat'도 아래와 동일
    dset2.dims[0].label='lat'

    f["pcal"].dims[0].label='lat'   # f["pcal"]과 dset3 혼용 가능
    dset3.dims[1].label='lon'
    dset3.attrs['_FillValue']=undef
    dset3.attrs['units']='mm/hr'
    dset3.attrs['coordinates']='lat lon'
# with 문은 끝에 파일이 자동으로 닫힙니다
```

경도와 위도, 그리고 강수 변수를 각각 create_dataset() 함수를 이용하여 생성하였으며, 생성할 때

지정한 이름을 이용해 강수 변수의 각 축이 위도 및 경도와 연관되었음을 알려 줍니다. 강수 변수를 생성할 때 compression 옵션이 사용되었는데, 이 옵션을 지정하지 않으면 생성된 HDF5 파일의 크기는 pr 배열에 해당하는 바이너리 파일의 크기와 다를 바가 없게 됩니다.

새로 만들어진 HDF5 파일의 내용은 앞의 2-3-4-1 절에서 다룬 방식으로 확인할 수 있습니다.

```
〉ls pcal_20180101_00h00m.hdf5   # 자료 확인
```

```
pcal_20180101_00h00m.hdf5
```

```
fname='pcal_20180101_00h00m.hdf5'
hdf_f = h5py.File(fname,'r')

h5keys=[]   # 빈 리스트를 준비
hdf_f.visit(h5keys.append)  # visit() 함수를 이용해 모든 key 를 방문하고 리스트에 저장
for i,key_name in enumerate(h5keys):  # 각 key 에 번호를 붙여서 출력
    print("{}: {}".format(i,key_name))

it=2  # 관심 있는 변수의 번호
print("\nDetails of {}".format(h5keys[it]))
pr=hdf_f[h5keys[it]]  # 특정 변수 자료만 불러오기
for (name, val) in pr.attrs.items():
    print("Name: {}".format(name))
    print("\tValues: {}".format(val))
print(pr.shape)
```

```
0: lat
1: lon
2: pcal

Details of pcal
Name: DIMENSION_LABELS
        Values: [b'lat' b'lon']
Name: _FillValue
```

```
      Values: -9999.900390625
Name: coordinates
      Values: lat lon
Name: units
      Values: mm/hr
(1800, 3600)
```

이상으로 이번 절에서는 아스키파일과 여러 형식의 파일을 읽고 쓰는 방법에 대해 알아보았습니다. 이번 절에서 자료의 값들을 확인하기 위해 그린 그림들은 위경도 격자 정보가 고려되지 않은 가장 간단한 형태의 그림이었습니다. 위경도 정보를 반영하는 부분은 3-7 절에서 다루겠습니다.


## 2-4. Pandas 패키지

Pandas 패키지는 빠르고 쉬운 데이터 분석을 위하여 자주 사용됩니다. 이 패키지는 Numpy 기반에서 개발되었기 때문에 Numpy 를 사용하는 어플리케이션에서 함께 사용할 수 있으며, R 이나 Excel 의 기능과도 유사하지만 모든 자료 처리를 시작부터 끝까지 처리할 수 있다는 것이 최고의 장점입니다.


- 자동적으로 혹은 명시적으로 축의 이름에 따라 데이터를 정렬할 수 있는 자료 구조
- 잘못 정렬된 데이터에 의한 오류를 예방하고 다양한 소스에서 다양한 방식으로 인덱싱(indexing)되어 있는 데이터를 다룰 수 있는 기능
- 통합된 시계열 기능을 가지고 있음
- 누락된 데이터를 처리할 수 있는 기능
- SQL 과 같이 데이터베이스처럼 데이터를 합치고 관계 연산을 수행하는 기능


패키지를 가져오는 방법은 다음과 같습니다.

```
import pandas as pd
```

## 2-4-1. Pandas 의 자료 구조

Pandas 의 자료 구조는 Series 와 DataFrame 두 가지로 나눌 수 있으며, 아래 예제를 통하여 두 자료 구조를 살펴보겠습니다.

### 2-4-1-1. Series

Series 는 일련의 객체를 담을 수 있는 1 차원 배열 형태의 자료 구조(Numpy 자료형도 담을 수 있음)로 되어 있습니다. 인덱스(index)라고 하는 배열의 데이터와 연관된 이름을 가지고 있는데, 자료를 출력하면 1 번째 열에 인덱스(index)를 보여 주고 2 번째 열에 해당 인덱스(index)의 값을 보여 줍니다. 만약 인덱스(index)를 정하지 않을 경우에는 0 부터 N-1 까지의 정수로 표시됩니다.

```
prcp = [95, 45, 74, 100]
series = pd.Series(prcp)
series
```

```
0 95
1 45
2 74
3 100
dtype: int64
```

아래와 같이 Series 의 인덱스(index)를 문자열로도 지정할 수 있습니다.

```
ind = ['Seoul', 'Tokyo', 'Beijing', 'Singapore']
series = pd.Series(prcp, index=ind)
```

series

```
Seoul        95
Tokyo        45
Beijing      74
Singapore   100
dtype: int64
```

자료형 중 딕셔너리(dictionary)를 이용하여 Series 자료 구조를 만들 수 있습니다. 아래와 같이 출력 시 위의 예제와 순서가 다른 점은 딕셔너리(dictionary) 자료형은 해싱(Hashing) 기법을 이용하므로 순차적으로 저장되지는 않습니다.

```
prcp_dic = {'Seoul': 95, 'Tokyo': 45, 'Beijing': 74, 'Singapore': 100}
series = pd.Series(prcp_dic)
series
```

```
Beijing      74
Seoul        95
Singapore   100
Tokyo        45
dtype: int64
```

```
series['Seoul']  # 인덱싱을 이용하여 'Seoul' 인덱스(index)에 해당하는 값을 불러옴
```

```
95
```

다음 예제를 보면 주요 도시 5 개 중 4 개에 대한 강수량만을 확인할 수 있습니다. 이는 'New York'에 대한 값을 찾을 수 없기 때문에, NaN('Not a Number')로 표시가 되고 누락된 값으로 취급합니다.

```
cities = ['Seoul', 'Tokyo', 'New York', 'Beijing', 'Singapore']
series = pd.Series(prcp_dic, index=cities)
series
```

```
Seoul          95.0
Tokyo          45.0
New York       NaN
Beijing        74.0
Singapore      100.0
dtype: float64
```

Pandas 에서는 이러한 누락된 데이터 처리 및 확인을 위하여 isnull()과 notnull() 함수가
사용됩니다.

```
pd.isnull(series)
```

```
Seoul          False
Tokyo          False
New York       True
Beijing        False
Singapore      False
dtype: bool
```

```
pd.notnull(series)
```

```
Seoul          True
Tokyo          True
New York       False
Beijing        True
Singapore      True
dtype: bool
```

Series 에서 가장 중요한 기능은 인덱싱(indexing)된 데이터의 산술 연산입니다.

```
prcp_today = series   # 앞서 만들어진 series 를 prcp_today 에 저장
prcp_tomorrow = pd.Series({'Seoul': 80, 'Tokyo': 40, 'Beijing': 92, 'Singapore': 98,
                'New York': 95, 'London': 81})
```

```
prcp_today + prcp_tomorrow   # 누락된 자료를 제외하고 같은 인덱스(index)끼리 연산이
이뤄짐
```

```
Beijing        166.0
London         NaN
New York       NaN
Seoul          175.0
Singapore      198.0
Tokyo          85.0
dtype: float64
```

## 2-4-1-2. DataFrame

DataFrame 은 스프레드시트 형식의 자료 구조로 여러 개의 열(column)로 구성되며 엑셀시트나 SQL 표와 유사합니다. 각 열(column)은 다른 종류의 값(숫자, 문자열, 논리 자료형(boolean) 등)을 담을 수 있습니다. DataFrame 은 행(row)과 열(column)에 대하여 각각 인덱스(index)가 있으며, 인덱스(index)의 모양이 같은 Series 객체를 담고 있는 파이썬 딕셔너리(dictionary)로 생각하면 이해하기 쉽습니다.

DataFrame 객체는 다양한 방법으로 생성할 수 있지만, 가장 흔하게 사용되는 방법은 같은 길이의 리스트(list)에 담긴 딕셔너리(dictionary)를 이용하거나 Numpy 배열을 이용하는 방법이 있습니다.

앞서 살펴본 예제들을 종합해서 강수량에 관한 표를 만들어 보겠습니다.

```
data = {'prcp2':[80, 40, 92, 98, 95, 81], 'prcp1':[95, 45, 74, 100, 0, 0],
        'cities':['Seoul','Tokyo','Beijing','Singapore','New York','London']}
prcps = pd.DataFrame(data)
print(prcps)
```

|   | prcp2 | prcp1 | cities |
|---|-------|-------|--------|
| 0 | 80 | 95 | Seoul |
| 1 | 40 | 45 | Tokyo |
| 2 | 92 | 74 | Beijing |
| 3 | 98 | 100 | Singapore |
| 4 | 95 | 0 | New York |
| 5 | 81 | 0 | London |

원하는 순서대로 열(column)을 지정해 보겠습니다.

```
prcps = pd.DataFrame(data, columns = ['cities', 'prcp1', 'prcp2'])
print(prcps)
```

|   | cities | prcp1 | prcp2 |
|---|--------|-------|-------|
| 0 | Seoul | 95 | 80 |
| 1 | Tokyo | 45 | 40 |
| 2 | Beijing | 74 | 92 |
| 3 | Singapore | 100 | 98 |

| | | | |
|---|---|---|---|
| **4** | New York | 0 | 95 |
| **5** | London | 0 | 81 |

## 2-4-2. 자료 추가하기(Join 과 Merge 사용법)

Join 과 Merge 는 기존 자료에 정보를 업데이트하거나, 새로운 자료를 추가할 때 사용됩니다.

```
# DataFrame 을 변수 left 에 저장
left = pd.DataFrame([['A0','B0'],['A1','B1'],['A2','B2']], columns = ['A','B'])
left[['A','B']][0:3]   # 인덱싱과 슬라이싱 기법을 이용 가능
```

| | A | B |
|---|---|---|
| **0** | A0 | B0 |
| **1** | A1 | B1 |
| **2** | A2 | B2 |

```
right = pd.DataFrame({'C':['C0','C2','C3'],'D':['D0','D2','D3']}, index=[0,2,3])
right
```

| | C | D |
|---|---|---|
| **0** | C0 | D0 |

```
2  C2   D2

3  C3   D3
```

Join 을 이용하는 방법은 다음과 같습니다. 두 자료를 합칠 때, 매개변수 how 를 'outer'로 설정하면 한쪽 자료에만 있는 행의 값들도 보여 주지만, 'inner'로 설정하면 두 자료의 공통된 행의 값들만 보여 줍니다.

left.join(right)   # default 값이 how = left 로 설정되어 있으므로, 열(column)만 추가되었음

```
      A    B    C    D

0  A0   B0   C0   D0

1  A1   B1   NaN  NaN

2  A2   B2   C2   D2
```

left.join(right, how='outer')

```
      A    B    C    D

0  A0   B0   C0   D0

1  A1   B1   NaN  NaN

2  A2   B2   C2   D2

3  NaN  NaN  C3   D3
```

|   | A | B | C | D |
|---|---|---|---|---|
| 0 | A0 | B0 | C0 | D0 |
| 2 | A2 | B2 | C2 | D2 |

Merge 를 이용하는 방법은 아래와 같습니다. 매개변수 how 를 'outer' 또는 'inner'로 설정했을 때 각각의 결과가 Join 과 동일함을 알 수 있습니다.

|   | A | B | C | D |
|---|---|---|---|---|
| 0 | A0 | B0 | C0 | D0 |
| 1 | A1 | B1 | NaN | NaN |
| 2 | A2 | B2 | C2 | D2 |
| 3 | NaN | NaN | C3 | D3 |

|  | A | B | C | D |
|---|---|---|---|---|

| | | | | |
|---|---|---|---|---|
| **0** | A0 | B0 | C0 | D0 |
| **2** | A2 | B2 | C2 | D2 |

기존에 작성했던 강수량 표에 대해 앞서 익혔던 Join 과 Merge 를 활용해 보겠습니다.

```
prcps = pd.DataFrame(data)   # 기존 강수량 표 데이터프레임으로 저장하기
prcps
```

| | prcp2 | prcp1 | cities |
|---|---|---|---|
| **0** | 80 | 95 | Seoul |
| **1** | 40 | 45 | Tokyo |
| **2** | 92 | 74 | Beijing |
| **3** | 98 | 100 | Singapore |
| **4** | 95 | 0 | New York |
| **5** | 81 | 0 | London |

만약 다음과 같은 상황이 추가된다면 어떻게 해야 할까요?

- 1 번째 강수량 관측 이후 'Paris'에서 강수량을 측정했더니 100 mm 가 나왔다.
- 2 번째 강수량 관측 이후 6 개의 도시에서 운량도 측정했더니 각각 10/6/7/10/8/5/10 이 나왔다.

관측값 표를 새로 만드는 방법도 있겠지만, 우리는 파이썬을 사용하여 업데이트 기능을 이용해 볼 수 있습니다.

```
add_city = pd.DataFrame({'cities':'Paris','prcp2':100}, index=['6'])
add_city
```

| | cities | prcp2 |
|---|--------|-------|
| 6 | Paris | 100 |

```
prcps1 = pd.merge(prcps, add_city, how='outer')
prcps1
```

| | prcp2 | prcp1 | cities |
|---|-------|-------|-----------|
| 0 | 80 | 95.0 | Seoul |
| 1 | 40 | 45.0 | Tokyo |
| 2 | 92 | 74.0 | Beijing |
| 3 | 98 | 100.0 | Singapore |
| 4 | 95 | 0.0 | New York |
| 5 | 81 | 0.0 | London |
| 6 | 100 | NaN | Paris |

```
cloud = pd.DataFrame({'cities': ['Seoul','Tokyo','Beijing','Singapore',
                                 'New York','London', 'Paris'],
                      'cloud':[10,6,7,10,8,5,10]},
                     index=range(7))
cloud
```

| | cities | cloud |
|---|---|---|
| 0 | Seoul | 10 |
| 1 | Tokyo | 6 |
| 2 | Beijing | 7 |
| 3 | Singapore | 10 |
| 4 | New York | 8 |
| 5 | London | 5 |
| 6 | Paris | 10 |

```
obs = pd.merge(prcps1, cloud, how='outer')   # 자료 병합
pd.DataFrame(obs, columns=['cities','prcp2','prcp1', 'cloud']) # 열(column) 순서를 결정
```

| | cities | prcp2 | prcp1 | cloud |
|---|---|---|---|---|
| 0 | Seoul | 80 | 95.0 | 10 |
| 1 | Tokyo | 40 | 45.0 | 6 |
| 2 | Beijing | 92 | 74.0 | 7 |
| 3 | Singapore | 98 | 100.0 | 10 |

| | | | | |
|---|---|---|---|---|
| **4** | New York | 95 | 0.0 | 8 |
| **5** | London | 81 | 0.0 | 5 |
| **6** | Paris | 100 | NaN | 10 |

이렇게 새로운 관측값 표를 업데이트해 보았습니다. Join 과 Merge 에 관한 보다 많은 정보를 얻으려면 Pandas 홈페이지(https://pandas.pydata.org/pandas-docs/stable/merging.html)에서 확인할 수 있습니다.

### 2-4-3. 자료 불러오기

Pandas 에도 파일로부터 자료를 쉽게 읽을 수 있는 함수가 있습니다. 활용 예제를 위하여 Global Historical Climatology Network Monthly - Version 4(GHCNm v4; Menne et al., 2018[5]) 자료 중 1905 년 1 월부터 2020 년 3 월까지의 인천 지표 기온자료를 아래와 같이 다운 받습니다(https://www.ncdc.noaa.gov/data-access/land-based-station-data/land-based-datasets/global-historical-climatology-network-monthly-version-4).

```
> wget
https://data.giss.nasa.gov/tmp/gistemp/STATIONS/tmp_KS000047112_14_0_1/station.csv
```

```
# Pandas 의 DataFrame 을 이용하여 csv 파일 불러오기
air = pd.read_csv('station.csv')

# delimiter 를 이용하여 파일 불러오는 방법
# air = pd.read_csv('station.csv', delimiter=',')
```

[5] Menne, M. J., C. N. Williams, B. E. Gleason, J. J. Rennie, and J. H. Lawrimore, 2018: The Global Historical Climatology Network monthly temperature dataset, version 4. J. Climate, 31, 9835-9854, https://doi.org/10.1175/JCLI-D-18-0094.1

## 2-4-3-1. 기본적인 자료 확인

air.head()   # air 자료의 처음 5 줄을 표출

```
     YEAR   JAN   FEB   MAR    APR    MAY    JUN    JUL  ...    OCT   NOV    DEC   D-J-F   M-A-M   J-J-A   S-O-N   metANN
0   1905   1.28  -2.72  4.38   8.98  14.18  19.78  23.78  ...  14.48  6.18   1.48   -0.11   9.18   22.31   13.51   11.22
1   1906  -4.02  -3.42  2.48   9.58  14.98  20.68  24.28  ...  14.58  4.08  -0.72   -1.99   9.01   23.15   12.91   10.77
2   1907  -0.12  -3.12  3.28  10.28  14.48  19.38  23.58  ...  15.78  6.38  -2.52   -1.32   9.35   22.85   14.48   11.34
3   1908  -2.92  -3.32  2.68   9.78  14.38  19.48  22.78  ...  15.38  5.18   0.78   -2.92   8.95   22.18   13.68   10.47
4   1909  -1.82  -2.42  1.88   9.88  14.38  19.18  23.68  ...  13.88  6.78  -2.22   -1.15   8.71   22.68   13.88   11.03

[5 rows x 18 columns]
```

air.shape   # air 자료의 배열 정보를 표출, 116 개의 행(row), 18 개의 열(column)로 이뤄진 표

```
(116, 18)
```

air.tail()   # air 자료의 마지막 5 줄을 표출

```
      YEAR   JAN   FEB   MAR    APR    MAY    JUN  ...    NOV    DEC   D-J-F   M-A-M   J-J-A   S-O-N   metANN
111  2016  -2.09  0.96  6.66  13.26  18.61  22.31  ...   7.41   2.14   0.43   12.84   25.14   15.61   13.51
112  2017  -0.71  0.34  6.34  12.89  18.09  22.04  ...   6.04  -1.33   0.59   12.44   24.61   14.64   13.07
113  2018  -3.63 -1.63  7.27  12.22  17.17  21.67  ...   8.67  -0.05  -2.20   12.22   25.64   14.80   12.62
114  2019  -0.25  1.15  6.85  11.75  18.05  21.75  ...   8.35   1.90   0.28   12.22   24.72   16.00   13.30
115  2020   2.10  2.80  7.25  999.90  999.90  999.90 ...  999.90  999.90   2.27  999.90  999.90  999.90  999.90

[5 rows x 18 columns]
```

위 예시에서 2020 년 4 월부터 air 의 결측치가 999.90 으로 처리되었다는 것을 알 수 있습니다.
자료를 정확하게 분석하기 위해 결측치 위치의 값을 NaN 값으로 바꿔 줍니다.

air[air == 999.9] = np.nan
air.tail()

```
     YEAR   JAN   FEB   MAR   APR   MAY   JUN   JUL  ...   OCT   NOV   DEC  D-J-F  M-A-M  J-J-A  S-O-N  metANN
111  2016 -2.09  0.96  6.66 13.26 18.61 22.31 25.46  ... 16.26  7.41  2.14   0.43  12.84  25.14  15.61  13.51
112  2017 -0.71  0.34  6.34 12.89 18.09 22.04 26.14  ... 15.94  6.04 -1.33   0.59  12.44  24.61  14.64  13.07
113  2018 -3.63 -1.63  7.27 12.22 17.17 21.67 26.92  ... 14.02  8.67 -0.05  -2.20  12.22  25.64  14.80  12.62
114  2019 -0.25  1.15  6.85 11.75 18.05 21.75 25.25  ... 16.90  8.35  1.90   0.28  12.22  24.72  16.00  13.30
115  2020  2.10  2.80  7.25   NaN   NaN   NaN   NaN  ...   NaN   NaN   NaN   2.27    NaN    NaN    NaN    NaN

[5 rows x 18 columns]
```

air.columns  # 열(column) 정보를 표출

```
Index(['YEAR', 'JAN', 'FEB', 'MAR', 'APR', 'MAY', 'JUN', 'JUL', 'AUG', 'SEP',
       'OCT', 'NOV', 'DEC', 'D-J-F', 'M-A-M', 'J-J-A', 'S-O-N', 'metANN'],
      dtype='object')
```

air.describe()  # 자주 사용되는 함수로, 각 열(column)의 통계치를 산출

```
            YEAR         JAN         FEB         MAR  ...        M-A-M        J-J-A       S-O-N      metANN
count  116.000000  116.000000  116.000000  116.000000  ...   115.000000   114.000000  113.000000  114.000000
mean  1962.500000   -2.897414   -0.794224    4.277759  ...    10.329130    23.348333   14.280973   11.668070
std     33.630343    2.080135    1.896799    1.634224  ...     1.110287     0.838915    0.880299    0.799102
min   1905.000000   -7.740000   -4.460000    0.120000  ...     7.990000    21.380000   12.550000    9.920000
25%   1933.750000   -4.235000   -2.420000    3.347500  ...     9.500000    22.742500   13.780000   11.075000
50%   1962.500000   -3.030000   -0.840000    4.355000  ...    10.290000    23.370000   14.280000   11.605000
75%   1991.250000   -1.590000    0.655000    5.302500  ...    11.080000    23.860000   14.800000   12.230000
max   2020.000000    2.100000    4.050000    7.510000  ...    12.960000    25.640000   16.180000   13.510000

[8 rows x 18 columns]
```

air.sort_values(by='metANN').head()
# air.sort_values(by='metANN').tail()

```
    YEAR   JAN   FEB   MAR   APR   MAY   JUN   JUL  ...   OCT   NOV   DEC  D-J-F  M-A-M  J-J-A  S-O-N  metANN
31  1936 -7.48 -3.68  0.12  8.82 15.02 20.32 23.22  ... 14.62  6.82  0.41  -4.71   7.99  22.25  14.15    9.92
42  1947 -3.06 -4.46  1.74 10.14 14.64 17.84 22.54  ... 12.84  4.44 -4.47  -3.43   8.84  21.81  12.47    9.92
8   1913 -4.31 -3.32  1.78 10.48 13.78 18.88 21.48  ... 14.38  6.58 -0.72  -3.15   8.68  21.38  13.78   10.17
40  1945 -6.55 -4.15  2.25  9.95 12.95   NaN 22.95  ... 14.25  9.35 -0.35  -4.98   8.38  22.68  15.08   10.29
52  1957 -2.82 -3.65  0.45 10.25 16.21 19.66 22.22  ... 13.47  9.40  0.42  -3.58   8.97  22.06  14.15   10.40

[5 rows x 18 columns]
```

## 2-4-3-2. DataFrame 을 이용한 자료처리

열(column)과 행(row)을 선택하는 방법은 다음과 같습니다.

```
air['JAN'][0:10]    # 열(column) 이름으로 선택하여 0 번째 항목에서 9 번째 항목까지 출력
# air[0:10]['JAN'] 도 동일한 결과 출력
```

```
0    1.28
1   -4.02
2   -0.12
3   -2.92
4   -1.82
5   -2.02
6   -3.92
7   -3.42
8   -4.31
9   -1.32
Name: JAN, dtype: float64
```

조건문을 이용해 자료의 일부를 선택적으로 볼 수도 있습니다.

```
air[air['D-J-F'] >= 1]    # 겨울철 평균기온이 1℃ 이상인 연도의 값들을 출력
```

```
     YEAR   JAN   FEB   MAR    APR    MAY    JUN    JUL  ...    OCT   NOV    DEC   D-J-F   M-A-M   J-J-A   S-O-N   metANN
44   1949 -1.59  2.10  4.17  10.45  16.35  20.65  25.76  ...  15.74  8.55  -0.27    1.71   10.32   24.51   15.51    13.01
54   1959 -4.25  2.58  6.29  10.50  17.59  20.31  24.31  ...  16.00  6.51   1.50    1.08   11.46   23.61   14.66    12.70
74   1979  1.24  0.96  6.08  10.74  15.99  20.88  24.12  ...  16.13  6.45   2.19    1.49   10.94   23.45   14.18    12.52
84   1989  0.53  2.44  5.54  13.01  16.66  20.46  24.18  ...  13.85  7.57   1.59    1.18   11.74   23.30   14.01    12.55
93   1998 -1.06  2.89  6.63  14.30  17.94  20.91  24.42  ...  17.29  7.59   2.39    1.19   12.96   23.55   15.97    13.42
102  2007  0.71  4.05  5.86  11.31  16.29  21.83  22.70  ...  15.24  7.54   2.24    2.24   11.15   23.37   14.79    12.89
104  2009 -1.13  2.76  6.11  11.97  17.66  21.24  23.58  ...  16.01  7.31  -0.16    1.12   11.91   23.34   14.91    12.82
115  2020  2.10  2.80  7.25    NaN    NaN    NaN    NaN  ...    NaN   NaN    NaN    2.27     NaN     NaN     NaN      NaN

[8 rows x 18 columns]
```

아래 예시를 통해 겨울철 평균기온이 1℃ 이상이고 봄철 평균기온이 11℃ 이상인 해는 1959, 1989, 1998, 2007, 2009 년임을 알 수 있습니다.

```
air[(air['D-J-F'] >=1) & (air['M-A-M']>=11)]['YEAR']
```

```
54      1959
84      1989
93      1998
102     2007
104     2009
Name: YEAR, dtype: int64
```

### 2-4-3-3. 그룹 연산(Groupby)

groupby() 함수는 SQL 에서 사용하는 'group by' 명령과 유사하며, 3 단계 절차에 따라 그룹 연산을 수행합니다.

- Split 단계: 특정 key 값에 따라 데이터 그룹을 생성(이때 key 는 동시에 여러 개로 설정이 가능함)
- Apply 단계: 각각의 그룹에 대해 원하는 연산을 하고 대표값을 생성
  I count(), mean(), median(), min(), max(), sum(), prod(), std(), var(), quantile(), first(), last()
- Combine 단계: 그룹의 key 값에 대해 원하는 연산 결과를 value 로 지정한 dict 를 생성

아래 예제를 통해 그 기능을 살펴보겠습니다. 먼저 그룹을 만들기 위해, 연평균 기온이 결측치이면 "NaN", 상위 25%에 해당하면 "hot", 하위 25%에 해당하면 "cold", 셋 중에 해당 사항이 없으면 "plain" 값을 가지는 변수 "howIsThisYear"를 정의한 후 air 변수에 새로운 열(column)로 추가하겠습니다(연평균 기온의 하위 및 상위 25% 값은 describe() 함수를 통해 확인할 수 있습니다).

```
table= air.describe()
Q1 = table['metANN']['25%'] # 연평균 기온의 하위 25% 값(제 1 사분위수)
Q3 = table['metANN']['75%'] # 연평균 기온의 상위 25% 값(제 3 사분위수)
howIsThisYear = np.where(np.isnan(air['metANN']), 'NaN',
        np.where(air['metANN'] < Q1, 'cold',
        np.where(air['metANN'] > Q3, 'hot', 'plain')))

air['howIsThisYear'] = howIsThisYear
air.groupby('howIsThisYear')  # 자료의 타입을 확인
```

```
<pandas.core.groupby.generic.DataFrameGroupBy object at 0x2b3a6597b9b0>
```

```
# air 50 번째 줄까지 자료 중 'howIsThisYear'로 그룹
air[0:50].groupby('howIsThisYear').groups
```

```
{'NaN': Int64Index([45], dtype='int64'), 'cold': Int64Index([1, 3, 4, 5, 6, 7, 8, 10, 12,
13, 18, 20, 21, 22, 23, 24, 26,
       28, 29, 31, 35, 40, 42],
     dtype='int64'), 'hot': Int64Index([44], dtype='int64'), 'plain': Int64Index([ 0,  2,
9, 11, 14, 15, 16, 17, 19, 25, 27, 30, 32, 33, 34, 36, 37,
       38, 39, 41, 43, 46, 47, 48, 49],
     dtype='int64')}
```

```
# air 50 번째 줄까지 자료 중 'howIsThisYear'로 그룹했을 때의 key 값 출력
air[0:50].groupby('howIsThisYear').groups.keys()
```

```
dict_keys(['NaN', 'cold', 'hot', 'plain'])
```

```
# air 50 번째 줄까지 'howIsThisYear'로 그룹했을 때의 평균 값을 출력
air[0:50].groupby('howIsThisYear').mean()
```

```
              YEAR      JAN      FEB      MAR  ...     M-A-M       J-J-A       S-O-N      metANN
howIsThisYear                                 ...
NaN        1950.000000 -0.650000  0.330000  5.280000  ...  12.120000        NaN         NaN         NaN
cold       1923.608696 -4.467391 -2.406522  2.784348  ...   9.082609  22.653913   13.731739   10.683478
hot        1949.000000 -1.590000  2.100000  4.170000  ...  10.320000  24.510000   15.510000   13.010000
plain      1933.320000 -2.804800 -1.150800  3.882400  ...   9.947200  23.454800   14.164800   11.558800

[4 rows x 18 columns]
```

여러 연산 함수를 한꺼번에 처리할 수도 있습니다.

```
air[0:50].groupby('howIsThisYear').agg(['mean', 'count', 'std'])
```

```
                   YEAR                        JAN           ... S-O-N               metANN
               mean count         std         mean count ... count         std         mean count         std
howIsThisYear                                                ...
NaN        1950.000000     1         NaN -0.650000     1 ...     0         NaN         NaN     0         NaN
cold       1923.608696    23  12.160813 -4.467391    23 ...    23  0.780342   10.683478    23  0.347191
hot        1949.000000     1         NaN -1.590000     1 ...     1         NaN   13.010000     1         NaN
plain      1933.320000    25  14.713146 -2.804800    25 ...    25  0.646871   11.558800    25  0.348058

[4 rows x 54 columns]
```

필요한 부분에 대해서만 통계처리 하여 표에 추가하려면 다음과 같이 하면 됩니다.

```
multiple_funcs = {'D-J-F': ['sum', 'mean', 'std', 'count'], 'J-J-A': 'std'}
air[0:50].groupby('howIsThisYear').agg(multiple_funcs)
```

```
                D-J-F                              J-J-A
               sum       mean         std count       std
howIsThisYear
NaN          -0.20  -0.200000         NaN     1       NaN
cold        -62.89  -2.734348    0.939714    23  0.644810
hot           1.71   1.710000         NaN     1       NaN
plain       -33.38  -1.335200    1.139101    25  0.633016
```

이번 절에서는 Pandas 패키지의 다양한 쓰임에 대해 알아보았습니다. 보다 다양한 활용 예제는
Pandas 홈페이지의 사용자 안내란(https://pandas.pydata.org/docs/user_guide/index.html)을
참조하시기 바랍니다.

## 2-5. Pandas 활용(Time series analysis)

이전 절에서 Pandas 패키지의 자료 구조 및 사용법에 대해 알아보았습니다. 여기에서는 Pandas 패키지를 활용하여 시계열 분석 및 표출 방법에 대해 익혀 보겠습니다.

이번 절에서 사용될 패키지입니다.

```
import pandas as pd
import numpy as np
import matplotlib.pyplot as plt   # plotting 패키지 로드
pd.set_option('max_rows', 10)  # 자료를 출력할 때 최대 10 줄만 표시
```

Pandas 의 경우 개발 속도가 굉장히 빠르기 때문에 되도록 최신 버전을 사용합니다.

```
# Pandas 버전 확인, 2019 년 8 월 기준 0.25.1 버전 release 중
pd.__version__
```

```
'0.25.1'
```

## 2-5-1. 자료 불러오기

Pandas 패키지 활용을 위한 예시로 사용될 자료는 2-2-2 절에서 다룬 아스키 파일 형식의 월별 PM10 자료입니다. 간단히 다시 설명하자면,
기상자료개방포털(https://data.kma.go.kr/climate/yellowDust/selectYellowDustDayChart.do?pgmNo=112)에서 서울의 월간 PM10 질량 농도 자료를 2008 년 1 월부터 2020 년 1 월까지 선택한 CSV 파일을 다운로드한 뒤 KMA_seoul_raw_data.csv 로 저장합니다.

```
raw_file = 'KMA_seoul_raw_data.csv'
seoul = np.genfromtxt(raw_file, encoding = 'euc-kr', dtype = None,
                      delimiter = ',',
                      names = ('loc_num', 'loc_name', 'date', 'conc'),
                      comments = '#', skip_header=7)
```

자료 분석 기간은 2009 년 1 월부터 2012 년 12 월까지로 임의로 설정하였습니다.

```
seoul = seoul[8:56] # 2009 년 1 월부터 2012 년 12 월까지의 자료
print(seoul)
```

```
[(108, '서울', '2009-01', 57) (108, '서울', '2009-02', 81)
 (108, '서울', '2009-03', 59) (108, '서울', '2009-04', 63)
 (108, '서울', '2009-05', 56) (108, '서울', '2009-06', 47)
 (108, '서울', '2009-07', 39) (108, '서울', '2009-08', 31)
 (108, '서울', '2009-09', 39) (108, '서울', '2009-10', 49)
 (108, '서울', '2009-11', 43) (108, '서울', '2009-12', 68)
 (108, '서울', '2010-01', 56) (108, '서울', '2010-02', 47)
 (108, '서울', '2010-03', 60) (108, '서울', '2010-04', 46)
 (108, '서울', '2010-05', 55) (108, '서울', '2010-06', 48)
 (108, '서울', '2010-07', 30) (108, '서울', '2010-08', 33)
 (108, '서울', '2010-09', 27) (108, '서울', '2010-10', 38)
 (108, '서울', '2010-11', 69) (108, '서울', '2010-12', 64)
 (108, '서울', '2011-01', 44) (108, '서울', '2011-02', 74)
 (108, '서울', '2011-03', 67) (108, '서울', '2011-04', 56)
 (108, '서울', '2011-05', 76) (108, '서울', '2011-06', 48)
 (108, '서울', '2011-07', 35) (108, '서울', '2011-08', 33)
 (108, '서울', '2011-09', 32) (108, '서울', '2011-10', 39)
 (108, '서울', '2011-11', 36) (108, '서울', '2011-12', 41)
 (108, '서울', '2012-01', 55) (108, '서울', '2012-02', 47)
 (108, '서울', '2012-03', 43) (108, '서울', '2012-04', 49)
 (108, '서울', '2012-05', 48) (108, '서울', '2012-06', 37)
 (108, '서울', '2012-07', 27) (108, '서울', '2012-08', 24)
 (108, '서울', '2012-09', 28) (108, '서울', '2012-10', 34)
 (108, '서울', '2012-11', 42) (108, '서울', '2012-12', 40)]
```

```
seoul.shape
```

```
(48,)
```

```
plt.plot(seoul['conc']) # 그림으로 확인
plt.show() # 그림 창 띄우기
```

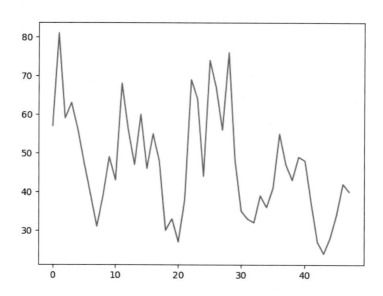

## 2-5-2. 시계열 그리기

위에서 간단하게 그려 본 그림의 x 축은 자료의 순서이기 때문에, 시계열을 그리기 위해서는 날짜 정보를 알려 주어야 합니다. 분석하고자 하는 기간인 2009 년 1 월부터 2012 년 12 월까지의 날짜 정보를 적용하여 PM10 농도를 그래프로 표현하는 방법에 대해 살펴보겠습니다.

먼저, 월 간격의 날짜 변수를 생성합니다.

```
# 2009-01 부터 2012-12 까지 월별 날짜 변수 생성; 끝값은 포함 안 됨
dates = pd.date_range('2009-01', '2013-01', freq='M')
```

```
dates  # 자료 확인
```

```
DatetimeIndex(['2009-01-31', '2009-02-28', '2009-03-31', '2009-04-30',
               '2009-05-31', '2009-06-30', '2009-07-31', '2009-08-31',
               '2009-09-30', '2009-10-31', '2009-11-30', '2009-12-31',
               '2010-01-31', '2010-02-28', '2010-03-31', '2010-04-30',
               '2010-05-31', '2010-06-30', '2010-07-31', '2010-08-31',
               '2010-09-30', '2010-10-31', '2010-11-30', '2010-12-31',
               '2011-01-31', '2011-02-28', '2011-03-31', '2011-04-30',
               '2011-05-31', '2011-06-30', '2011-07-31', '2011-08-31',
               '2011-09-30', '2011-10-31', '2011-11-30', '2011-12-31',
               '2012-01-31', '2012-02-29', '2012-03-31', '2012-04-30',
               '2012-05-31', '2012-06-30', '2012-07-31', '2012-08-31',
               '2012-09-30', '2012-10-31', '2012-11-30', '2012-12-31'],
              dtype='datetime64[ns]', freq='M')
```

자료 크기를 다음과 같이 확인할 수 있습니다.

```
dates.shape
```

```
(48,)
```

위에서 만들어 준 날짜에 PM10 농도 값을 대입하면 시계열 자료가 만들어집니다.

```
SEOUL = pd.Series(seoul['conc'], index=dates) # Time series 생성
# 파이썬 변수는 대소문자를 구분하므로 SEOUL 과 seoul 은 다름
# 그러나 변수(그리고 함수) 이름은 소문자를 권장
# 아래의 출력값에서 ... 줄임으로 나오는 이유는,
# 위에서 실행한 pd.set_option('max_rows', 10) 때문임
SEOUL
```

```
2009-01-31   57
2009-02-28   81
2009-03-31   59
2009-04-30   63
2009-05-31   56
              ..
2012-08-31   24
2012-09-30   28
2012-10-31   34
2012-11-30   42
2012-12-31   40
Freq: M, Length: 48, dtype: int64
```

이제 만들어진 시계열 자료를 그래프로 그려 보겠습니다. Pandas 는 Matplotlib.pyplot 라이브러리를 이용해 Pandas 자료에 최적화된 나름의 시각화 함수들을 제공하기 때문에 SEOUL.plot()과 같은 방식으로 바로 그림을 그릴 수 있습니다(참조: https://pandas.pydata.org/pandas-docs/stable/user_guide/visualization.html).

```python
SEOUL.plot();  # 또는 plt.plot(SEOUL)을 통해서 그릴 수 있음;
plt.show() # 그림 창 띄우기
```

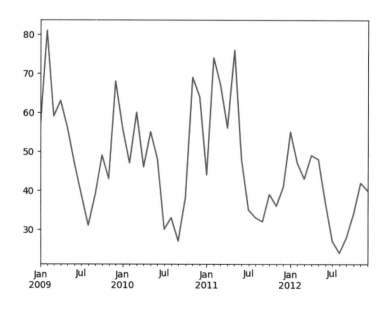

위의 그림에서 날짜가 잘 표시되고 있습니다. 일부 기간만 표시하기 위해서는 아래와 같이 날짜로
인덱싱 또는 슬라이싱을 이용합니다.

```
SEOUL['2010':'2011'].plot();   # 2010 년부터 2011 년까지 표시
plt.show() # 그림 창 띄우기
```

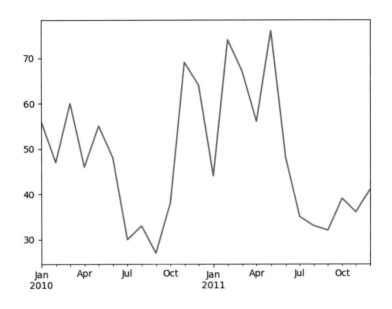

```
SEOUL['2011-11':'2012-04'].plot();   # 2011 년 11 월부터 2012 년 4 월까지 표시
plt.show() # 그림 창 띄우기
```

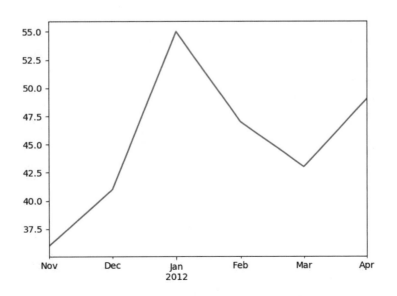

## 2-5-2-1. 시계열자료의 인덱싱과 슬라이싱

앞서 그림에서 확인한 바와 같이 시계열 자료는 날짜를 통해 인덱싱과 슬라이싱이 가능하며 다양한 방법으로 활용할 수 있습니다.

```
SEOUL[20]    # 기존의 인덱싱 방법, 20 번째 줄의 값을 출력
```

```
27
```

날짜로 인덱싱하려면 따옴표를 사용합니다.

```
SEOUL['2012-12']    # 날짜(년-월)를 통한 인덱싱
```

```
2012-12-31    40
Freq: M, dtype: float64
```

특정 한 해의 자료만 뽑으려면 다음과 같이 하면 됩니다.

```
SEOUL['2012']    # 2012 년도 한 해의 서울 지역 PM10 농도 출력
```

```
2012-01-31    55
2012-02-29    47
2012-03-31    43
2012-04-30    49
2012-05-31    48
            ..
2012-08-31    24
2012-09-30    28
2012-10-31    34
```

```
2012-11-30    42
2012-12-31    40
Freq: M, Length: 12, dtype: int64
```

뿐만 아니라 값의 범위로 자료를 필터링할 수 있습니다.

```
SEOUL[SEOUL > 40]     # PM10 농도가 40 μg m⁻³ 보다 큰 경우 출력
```

SEOUL[SEOUL > 40]     # PM10 농도가 $40\ \mu g\ m^{-3}$ 보다 큰 경우 출력

```
2009-01-31    57
2009-02-28    81
2009-03-31    59
2009-04-30    63
2009-05-31    56
               ..
2012-02-29    47
2012-03-31    43
2012-04-30    49
2012-05-31    48
2012-11-30    42
Length: 30, dtype: int64
```

## 2-5-3. DataFrame 활용(다중 자료 처리)

앞서 Pandas 패키지 구조를 살펴보면서 DataFrame 에 대해서 알아보았습니다. DataFrame 을 통해 두 개 이상의 자료에 대한 통계분석뿐만 아니라 시계열 분석에 유용하게 사용할 수 있습니다.

여기서는 앞의 서울 지역 PM10 농도 자료에 다른 지역인 백령도 PM10 농도 자료를 추가로 이용할 것입니다. 2-2-2 절의 자료 받는 방법을 참고하여 백령도 자료도 서울 자료와 마찬가지로 기상청 기상자료개방포털(https://data.kma.go.kr/climate/yellowDust/selectYellowDustDayChart.do?pgmNo =112)에서 2008 년 1 월부터 시작하는 CSV 자료를 다운로드한 후, KMA_baeng_raw_data.csv 로

저장합니다.

만약 해당 링크에서 자료가 다운로드 되지 않는 경우, 아래 구글 드라이브 링크를 통해 파일을 받아 주시기 바랍니다.

(https://drive.google.com/file/d/1tyEsakyZ8BQlXdxq7o_N2FcjbkS3vG24/view?usp=sharing)

위에서 SEOUL 자료에 적용했던 방법으로 2009 년 1 월부터 2012 년 12 월까지의 백령도 PM10 농도 자료도 시계열로 만듭니다.

```python
raw_file = 'KMA_baeng_raw_data.csv'
baeng = np.genfromtxt(raw_file, encoding = 'euc-kr', dtype = None,
                      delimiter = ',',
                      names = ('loc_num', 'loc_name', 'date', 'conc'),
                      comments = '#', skip_header=7)
print(baeng[11:59]) # 2009 년 1 월부터 2012 년 12 월까지의 자료
```

```
[(102, '백령도', '2009-01', 40) (102, '백령도', '2009-02', 74)
 (102, '백령도', '2009-03', 73) (102, '백령도', '2009-04', 57)
 (102, '백령도', '2009-05', 59) (102, '백령도', '2009-06', 38)
 (102, '백령도', '2009-07', 36) (102, '백령도', '2009-08', 41)
 (102, '백령도', '2009-09', 55) (102, '백령도', '2009-10', 44)
 (102, '백령도', '2009-11', 48) (102, '백령도', '2009-12', 54)
 (102, '백령도', '2010-01', 41) (102, '백령도', '2010-02', 35)
 (102, '백령도', '2010-03', 57) (102, '백령도', '2010-04', 45)
 (102, '백령도', '2010-05', 44) (102, '백령도', '2010-06', 29)
 (102, '백령도', '2010-07', 23) (102, '백령도', '2010-08', 23)
 (102, '백령도', '2010-09', 26) (102, '백령도', '2010-10', 28)
 (102, '백령도', '2010-11', 65) (102, '백령도', '2010-12', 58)
 (102, '백령도', '2011-01', 33) (102, '백령도', '2011-02', 54)
 (102, '백령도', '2011-03', 62) (102, '백령도', '2011-04', 51)
 (102, '백령도', '2011-05', 85) (102, '백령도', '2011-06', 25)
 (102, '백령도', '2011-07', 19) (102, '백령도', '2011-08', 22)
 (102, '백령도', '2011-09', 33) (102, '백령도', '2011-10', 46)
 (102, '백령도', '2011-11', 48) (102, '백령도', '2011-12', 36)
```

```
(102, '백령도', '2012-01', 53) (102, '백령도', '2012-02', 45)
(102, '백령도', '2012-03', 50) (102, '백령도', '2012-04', 45)
(102, '백령도', '2012-05', 51) (102, '백령도', '2012-06', 25)
(102, '백령도', '2012-07', 24) (102, '백령도', '2012-08', 27)
(102, '백령도', '2012-09', 35) (102, '백령도', '2012-10', 30)
(102, '백령도', '2012-11', 36) (102, '백령도', '2012-12', 32)]
```

```
baeng = baeng[11:59] # 2009 년 1 월부터 2012 년 12 월까지의 자료
dates = pd.date_range('2009-01', '2013-01', freq='M')
BAENG = pd.Series(baeng['conc'], index=dates)
BAENG.index
```

```
DatetimeIndex(['2009-01-31', '2009-02-28', '2009-03-31', '2009-04-30',
               '2009-05-31', '2009-06-30', '2009-07-31', '2009-08-31',
               '2009-09-30', '2009-10-31', '2009-11-30', '2009-12-31',
               '2010-01-31', '2010-02-28', '2010-03-31', '2010-04-30',
               '2010-05-31', '2010-06-30', '2010-07-31', '2010-08-31',
               '2010-09-30', '2010-10-31', '2010-11-30', '2010-12-31',
               '2011-01-31', '2011-02-28', '2011-03-31', '2011-04-30',
               '2011-05-31', '2011-06-30', '2011-07-31', '2011-08-31',
               '2011-09-30', '2011-10-31', '2011-11-30', '2011-12-31',
               '2012-01-31', '2012-02-29', '2012-03-31', '2012-04-30',
               '2012-05-31', '2012-06-30', '2012-07-31', '2012-08-31',
               '2012-09-30', '2012-10-31', '2012-11-30', '2012-12-31'],
              dtype='datetime64[ns]', freq='M')
```

앞서 SEOUL 자료와 분석 기간이 동일한 것을 확인할 수 있습니다. 이제 만들어 놓은 SEOUL 과 BAENG 2 개의 시계열 자료를 이용하여 DataFrame 을 만들어 보겠습니다.

```
PM10 = pd.DataFrame({'SEOUL':SEOUL, 'BAENG':BAENG}) # 같은 길이의 리스트(list)에
담긴 딕셔너리(dictionary)형 DataFrame 생성, key_vaule = SEOUL, BAENG
```

DataFrame 을 그리는 방법은 매우 간단합니다.

```
PM10.plot() # 서울지역과 백령도 PM10 농도 변화
plt.show() # 그림 창 띄우기
```

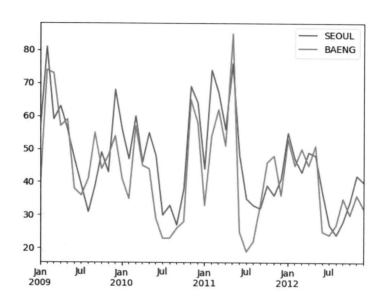

서울과 서해안에 위치한 백령도는 위치가 가까워 두 지역의 PM10 농도는 높은 상관성을 보이고
있습니다.


### 2-5-3-1. DataFrame 자료 처리

DataFrame 은 엑셀과 유사하여 행(row)과 열(column)에 대한 인덱스가 있으며, 인덱스(index)의
모양이 같은 Series 객체를 담고 있는 파이썬 딕셔너리(dictionary)라고 생각하면 됩니다.

```
PM10.head()    # 처음 5 줄의 자료 확인
```

|            | SEOUL | BAENG |
|------------|-------|-------|
| 2009-01-31 | 57    | 40    |
| 2009-02-28 | 81    | 74    |
| 2009-03-31 | 59    | 73    |
| 2009-04-30 | 63    | 57    |
| 2009-05-31 | 56    | 59    |

열(column)의 인덱스를 통해서 자료 불러옵니다.

```
PM10['SEOUL']  # 또는 PM10.SEOUL 도 같은 결과를 출력
```

```
2009-01-31   57
2009-02-28   81
2009-03-31   59
2009-04-30   63
2009-05-31   56
                ..
2012-08-31   24
2012-09-30   28
2012-10-31   34
2012-11-30   42
2012-12-31   40
Freq: M, Name: SEOUL, Length: 48, dtype: float64
```

간단한 사칙연산의 결과를 열(column)로 추가할 수 있습니다.

```
PM10['DIFF'] = PM10['SEOUL'] - PM10['BAENG']
PM10.head()
```

|            | SEOUL | BAENG | DIFF |
| ---------- | ----- | ----- | ---- |
| 2009-01-31 | 57    | 40    | 17   |
| 2009-02-28 | 81    | 74    | 7    |
| 2009-03-31 | 59    | 73    | -14  |
| 2009-04-30 | 63    | 57    | 6    |
| 2009-05-31 | 56    | 59    | -3   |

오른쪽에 DIFF 로 열(column)이 추가된 것을 확인하였습니다. 삭제하는 방법은 아래와 같이 수행합니다.

```
del PM10['DIFF']  # 열(column) 삭제
PM10.tail()  # 마지막 5 줄을 출력
```

|            | SEOUL | BANEG |
| ---------- | ----- | ----- |
| 2012-08-31 | 24    | 27    |
| 2012-09-30 | 28    | 35    |
| 2012-10-31 | 34    | 30    |
| 2012-11-30 | 42    | 36    |
| 2012-12-31 | 40    | 32    |

앞에서 사용한 시계열 자료의 슬라이싱 방법 또한 이용할 수 있습니다.

PM10['2011-11':'2012-04']

|  | SEOUL | BAENG |
|---|---|---|
| 2011-11-30 | 36 | 48 |
| 2011-12-31 | 41 | 36 |
| 2012-01-31 | 55 | 53 |
| 2012-02-29 | 47 | 45 |
| 2012-03-31 | 43 | 50 |
| 2012-04-30 | 49 | 45 |

앞에서 살펴본 인덱싱과 슬라이싱 기법을 이용하여 보다 복잡한 연산을 해 보겠습니다.

```
import datetime   # datetime 관련 라이브러리 호출
PM10.loc[(PM10.SEOUL > 40) & (PM10.BAENG > 40)
        & (PM10.index > datetime.datetime(2011,1,1)),
        'SEOUL'].plot.bar(color='g')  # 녹색('g') 막대그래프(bar)로 출력
plt.tight_layout()  # 그림이 그림창을 꽉 채우도록 설정
plt.show()  # 그림 창 띄우기
```

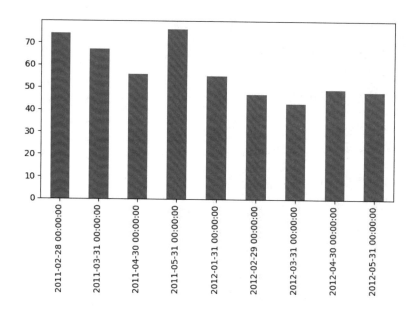

이와 같이 2011 년 이후 서울과 백령도의 PM10 농도가 40μgm$^{-3}$ 보다 높았던 조건에서의 서울 지역 PM10 농도를 막대그래프 형태로 표출하였습니다(DataFrame.loc() 함수는 특정 조건에 맞는 자료를 뽑아내는 '인덱싱(indexing)/슬라이싱(slicing)'의 역할을 합니다).

### 2-5-3-2. 통계 처리

DataFrame 을 활용한 시계열 자료의 기본적인 통계 처리 방법에 대해 살펴보겠습니다.

```
PM10.mean()  # 각 열(column) 평균값 산출
```

```
SEOUL   47.083333
BAENG   42.916667
dtype: float64
```

```
PM10.max()  # 각 열(column) 최댓값 산출
```

```
SEOUL   81
BAENG   85
dtype: int64
```

PM10.min()  # 각 열(column) 최솟값 산출

```
SEOUL   24
BAENG   19
dtype: int64
```

PM10.mean(axis = 1)  # 행(row) 평균값 산출

```
2009-01-31   48.5
2009-02-28   77.5
2009-03-31   66.0
2009-04-30   60.0
2009-05-31   57.5
         ...
2012-08-31   25.5
2012-09-30   31.5
2012-10-31   32.0
2012-11-30   39.0
2012-12-31   36.0
Freq: M, Length: 48, dtype: float64
```

좀더 간편하게 시계열 자료의 통계 값을 확인할 수도 있습니다.

PM10.describe()  # 전반적인 통계값 산출

|       | SEOUL     | BAENG     |
|-------|-----------|-----------|
| count | 48.000000 | 48.000000 |
| mean  | 47.083333 | 42.916667 |
| std   | 13.992146 | 15.072637 |
| min   | 24.000000 | 19.000000 |
| 25%   | 36.750000 | 31.500000 |
| 50%   | 46.500000 | 42.500000 |
| 75%   | 56.000000 | 53.250000 |
| max   | 81.000000 | 85.000000 |

또한 DataFrame 멤버 간의 상관계수(correlation coefficient)도 확인할 수 있습니다.

PM10.corr()   # 앞서 그림과 같이 높은 상관성을 보입니다.

|       | SEOUL    | BAENG    |
|-------|----------|----------|
| SEOUL | 1.000000 | 0.811758 |
| BAENG | 0.811758 | 1.000000 |

## 2-5-4. Resampling

Pandas 패키지에서는 일/월/년과 같이 다른 기간에 대한 리샘플링 기능을 제공합니다. 다음 예제는 주어진 월간 자료를 연간 자료로 Resampling 하는 방법을 보여 줍니다.

```
PM10_annual = PM10.resample("A").mean()  # PM10 시계열 자료에서 연평균을 취하여
리샘플값을 PM10_annual 에 저장
PM10_annual.plot(); plt.show()
```

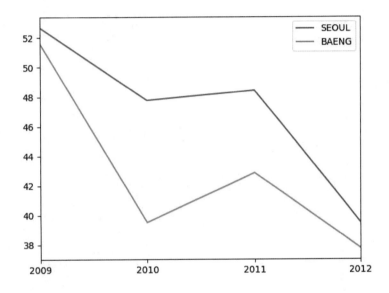

```
PM10_median = PM10.resample("A").median()  # PM10 시계열 자료에서 연간 중간값을
취하여 리샘플링
PM10_median.plot(); plt.show()
```

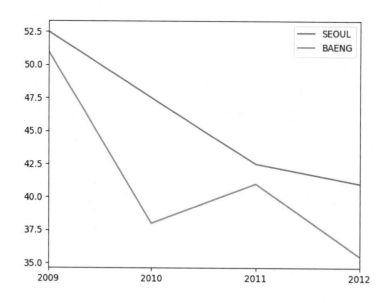

이번에는 격월 간격으로 자료를 수정합니다.

```
PM10_2m = PM10.resample("2M").mean()   # PM10 시계열 자료에서 2 개월 평균값을
취하여 리샘플링
PM10_2m.plot(marker='s');   # 사각형('s'quare) 마커(marker)를 사용
plt.show()
```

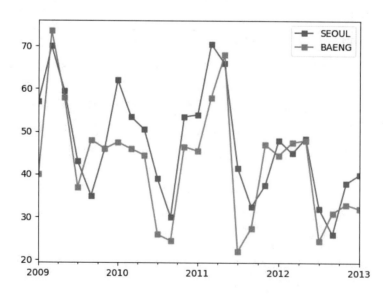

DataFrame.agg() 함수를 이용하여 보다 다양하게 리샘플링 기법을 활용할 수 있습니다.

```
SEOUL_2m = SEOUL.resample("2M").agg(['mean', np.min, np.max])   # 격월간 mean,
min, max 3 열로 resampling
SEOUL_2m['2009':'2013'].plot();   # resampling (격월간 mean, min, max)에 대해 한번에
그래프로 표출
plt.show()
```

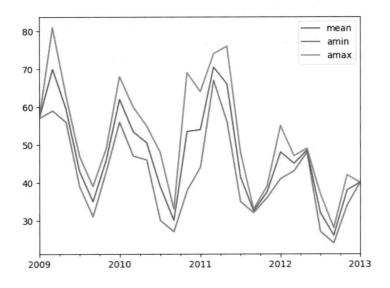

DateFrame.agg() 함수는 여러 연산 또는 함수들을 동시에 적용시킬 때 사용하며, DataFrame 의
함수뿐 아니라 Numpy 의 함수 및 자체 정의된 함수도 사용할 수 있습니다.

위의 세 가지 선 그림을 따로따로 나눠서 그릴 수도 있습니다.

```
SEOUL_2m['2009':'2013'].plot(subplots=True)   # subplots 을 이용하여 각각을 그래프
표출
plt.show()
```

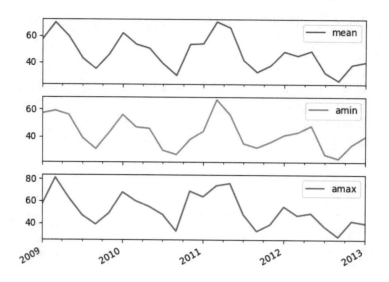

이렇게 이번 절에서는 Pandas 패키지를 활용하여, Series, DataFrame 자료로 시계열 자료를 만들고 그래프로 표출하는 방법에 대해 알아보았습니다. Pandas 패키지에서 Series 와 DataFrame 을 지원하는 다양한 함수의 목록은 https://pandas.pydata.org/pandas-docs/stable/reference/series.html 와 https://pandas.pydata.org/pandas-docs/stable/reference/frame.html 에서 각각 확인할 수 있습니다.

# 3

# 시각화

# 3. 시각화

윤현석(yhs11088@snu.ac.kr)

이 장에서는 파이썬을 이용해 그릴 수 있는 다양한 종류의 기본적인 그림들을 살펴볼 것입니다. 각 그림들을 그리는 기본적인 방법과 요소들을 소개한 후, 간단한 예시 그림들 그리고 실제 논문 또는 인터넷 사이트에서 볼 수 있는 그림을 비슷하게 재현해 보는 예제들을 통해 이를 응용해 보고 추가적인 기능들을 몇 가지 살펴보려고 합니다.

## 3-1. 기본 요소

파이썬에서 그림을 그릴 때 기본적으로 Matplotlib 패키지의 여러 함수들을 사용하게 됩니다. 이때 Matplotlib 패키지 함수들을 통해 그린 그림들을 구성하는 기본 요소들은 그림 3-1 에서 볼 수 있습니다(The matplotlib development team, n.d.[6]). 다소 복잡해 보이지만, 이 기본 요소들은 간단하게 다음의 4 가지로 분류될 수 있습니다.

---

[6] The Matplotlib development team. (n.d.). Usage Guide. Retrieved from https://matplotlib.org/3.2.1/tutorials/introductory/usage.html

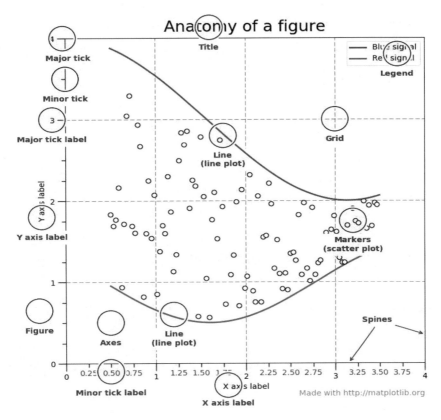

그림 3-1. Matplotlib 패키지 함수들을 통해 그린 그림의 기본 요소들
(The matplotlib development team (n.d.)에서 가져옴)

- 그림 객체(figure): 쉽게 말해 그림을 그릴 일종의 그림 창 또는 백지라고 볼 수 있습니다. 이 안에 1 개 이상의 패널(axes), 제목이나 범례(legend)와 같은 아티스트(artist) 등이 놓이게 됩니다.

- 패널(axes): 자료를 사용해 그림 객체에 그려진 그림이라고 보면 됩니다. 그림 객체(figure)는 여러 패널을 가질 수 있지만, 각 패널은 1 개의 그림 객체와만 연결됩니다. 각 패널은 기본적으로 2 개(3 차원 그림은 3 개)의 축(axis)을 가집니다.

- 축(axis): 각 패널에 그려진 그림의 공간을 정의하는 선으로 생각할 수 있습니다(2 차원 그림의 경우 x 축과 y 축). 축 이름표, 범위, 눈금(tick)의 위치와 표시 형식 등을 설정할 수 있습니다.

- 아티스트(artist): 그림 위의 모든 것을 일컫는 것으로, 그림 객체, 패널, 축 뿐만 아니라 텍스트, 선, Patch 객체 등도 모두 아티스트에 포함됩니다.

119

3 장에서 다룰 수많은 예제에서 파이썬에서 그림을 그릴 때 각 요소들의 세부 설정을 조절하는 다양한 방법들을 다룰 것입니다. 기본적인 그림을 그리는 방법부터 시작해 차근차근 예제들을 살펴보며 실력을 쌓아 나가 보겠습니다.

파이썬에서 그림을 그릴 때 기본적으로 아래와 같이 4 단계를 거칩니다.

a. Matplotlib 패키지의 Pyplot 인터페이스 불러오기

```
import matplotlib.pyplot as plt   # Pyplot 불러오기
```

b. 그림 객체(Figure) 생성하기

그림 객체를 생성하는 방법에는 크게 2 가지 방법이 있습니다. 첫 번째 방법은 plt.figure() 함수를 쓰는 것입니다.

```
fig = plt.figure()  # 그림 객체 생성하기
```

| 형식 | | |
|------|------|------|
| fig = plt.figure( figsize = ( [width], [height] ), ...) | | |
| 매개변수 | 설정하는 특성 | 옵션 |
| figsize | 그림 창 크기 | ( [width], [height] )<br>- [width]: 그림의 가로 길이 (inch)<br>- [height]: 그림의 세로 길이 (inch) |

표 3-1. 그림 객체를 생성하는 plt.figure() 함수.

또다른 방법은 plt.subplots() 함수를 통해 그림 객체(figure)와 패널들(axes)을 동시에 생성하는 방법입니다. 간단하게 여러 패널들을 정의할 수 있다는 장점이 있는 반면 패널의 크기와 배열에 제한이 있다는 단점이 있습니다.

```
fig, axes = plt.subplots( [nrow], [ncol], ...)   # 그림 객체와 그에 달린 여러 패널들(axes)
동시에 생성하기
```

| 형식 | | |
|---|---|---|
| fig, axes = plt.subplots( [nrows], [ncols], figsize = ( [width], [height] ), ...) | | |
| 매개변수 | 설정하는 특성 | 옵션 |
| nrows | subplot 배열의 행 개수 | 자연수 |
| ncols | subplot 배열의 열 개수 | 자연수 |
| figsize | 그림 창 크기 | ( [width], [height] ) |

표 3-2. 그림 객체와 패널들(axes)을 생성하는 plt.subplots() 함수.

두 함수 중 어떤 걸 사용하더라도 결과적으로 같은 그림을 얻을 수 있으나, subplot 의 세부 설정들을 정해 줄 때 다음 예시와 같이 사용하는 함수들이 조금 달라집니다(pyplot 클래스 vs. axes 클래스). 아래 표는 1 차원 배열/리스트(list)를 이용해 xy 평면 상에 선 그래프(line plot)를 그릴 때를 가정한 예시입니다. 각 함수들의 자세한 기능과 설정할 수 있는 매개변수들은 이후 살펴보도록 하겠습니다.

| 그림 생성 | fig = plt.figure(...) | fig, axes = plt.subplots( [nrows], [ncols], ...)<br><br>- [nrows]: subplot 들 행 개수<br>- [ncols]: subplot 들 열 개수 |
|---|---|---|
| i 번째 행, j 번째 열 subplot | fig.add_subplot( [nrows], [ncols], [num] ) | axes[i,j].plot( [x], [y], …) |

| 그리기<br>(0 ≤ i ≤<br>[nrows]-1,<br>0 ≤ j ≤ [ncols]-<br>1) | plt.plot( [x], [y], …)<br><br>또는<br><br>ax1 = fig.add_subplot( [nrows],<br>[ncols], [num])<br>ax1.plot(); 이 경우 우측 함수 사용<br><br>- [num]: 왼쪽 최상단이 1 번째<br>그림이고 오른쪽으로 가면서 번호를<br>붙일 때 그리고자 하는 그림의 번호<br>i.e. [num] = [ncols] * i + j + 1 | |
|---|---|---|
| subplot 제목<br>설정 | plt.title( [title], …) | axes[i,j].set_title( [title], …) |
| subplot 축<br>제목 설정 | plt.xlabel( [xlabel], …)<br>plt.ylabel( [ylabel], …) | axes[i,j].set_xlabel( [xlabel], …)<br>axes[i,j].set_ylabel( [ylabel], …) |
| subplot 축<br>눈금 설정 | plt.xticks( [xticks], …)<br>plt.yticks( [yticks], …) | axes[i,j].set_xticks( [xticks], …)<br>axes[i,j].set_yticks( [yticks], …) |
| subplot 축<br>눈금 이름 설정 | plt.xticks( labels = [xticklabels], …)<br>plt.yticks( labels = [yticklabels], …) | axes[i,j].set_xticklabels( [xticklabels], …)<br>axes[i,j].set_yticklabels( [yticklabels], …) |

표 3-3. plt.figure()로 그림 객체를 만든 후 Pyplot 클래스로 그림을 그리는 경우와 plt.subplots() 함수를 써서 패널(ax)을 따로 정의한 후 axes 클래스로 그림을 그릴 때 사용하는 함수 비교.

c.   그림 그리기

그림 객체를 생성한 후에는 원하는 그림에 맞는 함수를 사용해 그림을 그립니다(그림을 그리는 데 필요한 변수와 자료는 a 단계 이전, 또는 a 와 b 단계 사이에서 미리 준비합니다). 간단하게 x 축과 y 축에 해당하는 값들의 1 차원 배열/리스트(list)로 xy 평면 상에 그래프를 그리는 plt.plot() 함수를 아래와 같이 쓸 수 있습니다. 그림을 그린 후에는 축이나 제목 등 그림의 여러 특성을 조절해 줄 수 있습니다. plt.plot() 함수와 그림의 특성을 조절하는 방법은 다음 절에서 다루겠습니다.

plt.plot( [x], [y], ...)  # 그림 그리기 & 세부 특성 설정

 

d.  그림 창 띄우기/그림 저장하기

완성된 그림을 창을 띄워 볼 경우, plt.show() 함수를 이용합니다.

plt.show()  # 그림 창 띄우기

또는 완성한 그림을 파일로 저장할 경우, plt.savefig() 함수를 이용합니다.

plt.savefig( [fname], ....)  # 그림 저장하기

| 형식 | | |
|---|---|---|
| plt.savefig( [fname], dpi=[dpi], transparent=[transparent], …) | | |
| 매개변수 | 설정하는 특성 | 옵션 |
| fname | 저장하는 그림 파일 이름 | 적절한 확장자(jpg, png, pdf, …)를 포함한 문자열. 문자열의 확장자가 저장되는 형식을 결정 |
| dpi | 해상도 | 양의 실수; 인치(inch)당 점의 개수 |
| transparent | 그림이 그려지지 않은 부분을 투명하게 설정 | True or False. |

표 3-4. 그림 파일을 저장하는 plt.savefig() 함수.

## 3-2. 선 그래프(Line plot)

먼저 가장 간단한 종류의 그림인 xy 평면 상의 그래프 그림을 그리는 방법을 살펴보겠습니다.

### 3-2-1. 기본적인 선 그래프

선 그래프의 간단한 예시로 임의의 x 값과 y 값들을 주어 그림 3-2 와 같은 그래프를 그려 보겠습니다.

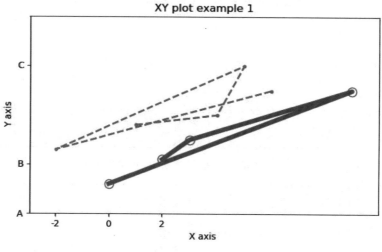

그림 3-2. 기본적인 선 그래프 예시 그림.

예시 코드의 진행 순서는 다음과 같습니다.

1) 그림을 그리기 위한 Pyplot 패키지 불러오기
2) 그림으로 표현할 자료 생성
3) 그림 객체 생성
4) 자료의 선 그래프 그리기
5) 그림의 세부 설정 조절 후 그림창 띄우기

먼저 그림을 그리기 위해 필요한 패키지인 Pyplot 을 불러옵니다. 그다음 그림에 필요한 변수 자료들을 만들어 줍니다. 이 예제에서는 아래 그림과 같이 (x1, y1) 그래프와 (x2, y2) 그래프, 총 2 개의 그래프를 하나의 그림창에 그려 보도록 하겠습니다.

```python
import matplotlib.pyplot as plt   # Pyplot 불러오기

# 데이터 만들기
x1 = [1, 4, 5, -2, 6]
y1 = [8, 10, 20, 3, 15]
x2 = [2, 3, 9, 0]
y2 = [1, 5, 15, -4]
```

그다음 그림 객체를 생성합니다. 여기서는 plt.figure() 함수를 사용하겠습니다.

```python
fig = plt.figure(figsize = (7,4))   # 가로 7 인치, 세로 4 인치의 그림 객체 생성
```

다음으로 plt.plot() 함수를 이용해 두 그래프를 그려 줍니다. 이때 그래프의 선이나 마커(marker)의 표시 형식 등 여러 가지 특성을 알맞은 매개변수를 통해 설정해 줄 수 있습니다. 자주 사용되는 매개 변수들과 특성은 아래 표에서 확인할 수 있습니다.

```python
plt.plot(x1, y1, color = 'r',
         linestyle = '--', linewidth = 2,
         marker = 'o', markersize = 3, fillstyle = 'full')   # 1 번째 그래프 그리기
plt.plot(x2, y2, 'go-', linewidth = 5,
         markersize = 10, fillstyle = 'none')   # 2 번째 그래프 그리기
```

매개변수들의 값들은 1 번째 그래프와 같이 각각의 이름을 명시해 설정해 줄 수도 있으나, 2 번째 그래프와 같이 그래프 선 종류와 색깔, 마커(marker) 종류를 한꺼번에 'go-'와 같이 적을 수도 있습니다. 참고로 위와 같이 그림 객체(figure)만 정의한 후 바로 "plt.plot()"을 실행하면 figure 를 가득 채우는 1 개의 패널(axes)은 자동으로 생성됩니다.

| 형식 | | |
|---|---|---|
| plt.plot( [x], [y], colors = [c], linestyle = [linestyle], [linewidth = [linewidth], marker = [m], markersize = [msize], fillstyle = [fillstyle], …) | | |
| 매개변수 | 설정하는 특성 | 옵션 |
| [x] | 그래프의 x 값들 | 1 차원 배열/리스트(list) |
| [y] | 그래프의 y 값들 | x 와 길이가 같은 1 차원 배열/리스트(list) |
| color | 그래프 색 | Pyplot 에서 인식하는 색 이름(ex. 'r', 'red', …) 또는 RGB 튜플(순서쌍) |
| linestyle | 그래프 선 종류 | 선 스타일의 이름(ex. 'dashed') 또는 글자로 표현한 스타일(ex. '-', '--', '-.') |
| linewidth | 그래프 선 두께 | 0 이상의 실수 (0 인 경우 선이 나타나지 않음) |
| marker | 그래프를 구성하는 마커(marker)의 표시 형식 | ex. 'o', '.', 's', '^', 'D', … |
| markersize | 마커(marker)의 표시 크기 | 0 이상의 실수 (0 인 경우 marker 가 나타나지 않음) |
| fillstyle | 마커(marker)를 색칠하는 방식 | ex. 'full', 'none', 'left', … |

표 3-5. 선 그래프를 그리는 plt.plot() 함수.
산점도(scatter plot)을 그릴 때도 사용될 수 있습니다(3-3 절을 참조).

그다음 그림의 축 이름, 눈금과 범위, 그림 제목과 같은 세부 특성들을 조절해 줍니다. 그리고 그림창을 띄워 그림을 확인하면 그림 3-2 와 같은 그림이 나오게 됩니다.

```
plt.xlabel("X axis", fontsize = 10)                              # x 축 이름
plt.ylabel("Y axis", fontsize = 10)                              # y 축 이름
plt.xticks([-2, 0, 2], labels = ['-2', '0', '2'], fontsize = 10)     # x 축 눈금
plt.yticks([-10, 0, 20], labels = ['A', 'B', 'C'], fontsize = 10)   # y 축 눈금
plt.xlim(-3, 10)                                                 # x 축 범위
plt.ylim(-10, 30)                                                # y 축 범위
```

```
plt.title("XY plot example 1", fontsize = 12)          # 그림 제목

plt.show()                                              # 그림 보여 주기
```

그림의 세부 특성들을 조절하기 위해 사용한 함수들에 관한 기본적인 정보들은 다음 표들에서
확인할 수 있으니 참고하시기 바랍니다.

| 형식 | | |
|---|---|---|
| plt.xlabel( [xlabel], fontsize = [fsize], …) | | |
| 매개변수 | 설정하는 특성 | 옵션 |
| xlabel | x 축 이름 | 문자열 |
| fontsize | x 축 이름 글씨 크기 | 0 이상의 실수<br>(0 인 경우 이름이 나타나지 않음) |

표 3-6. x 축 이름을 설정하는 plt.xlabel() 함수.

| 형식 | | |
|---|---|---|
| plt.ylabel( [ylabel], fontsize = [fsize], …) | | |
| 매개변수 | 설정하는 특성 | 옵션 |
| ylabel | y 축 이름 | 문자열 |
| fontsize | y 축 이름 글씨 크기 | 0 이상의 실수 |

표 3-7. y 축 이름을 설정하는 plt.ylabel() 함수.

| 형식 | | |
|---|---|---|
| plt.xticks( [ticks], labels = [labels], fontsize = [fsize], …) | | |
| 매개변수 | 설정하는 특성 | 옵션 |
| ticks | x 축 눈금 위치 | 실수 리스트(list)/배열 |
| labels | x 축 눈금 값 | xticks 와 같은 길이의 문자열 |
| fontsize | x 축 눈금 값 글자 크기 | 0 이상의 실수 |

표 3-8. x 축 눈금을 설정하는 plt.xticks() 함수.

| 형식 | | |
|---|---|---|
| plt.yticks( [ticks], labels = [labels], fontsize = [fsize], …) | | |
| 매개변수 | 설정하는 특성 | 옵션 |
| ticks | y 축 눈금 위치 | 실수 리스트(list)/배열 |
| labels | y 축 눈금 값 | yticks 와 같은 길이의 문자열 |
| fontsize | y 축 눈금 값 글자 크기 | 0 이상의 실수 |

표 3-9. y 축 눈금을 설정하는 plt.yticks() 함수.

| 형식 | | |
|---|---|---|
| plt.xlim( [left], [right], …) | | |
| 매개변수 | 설정하는 특성 | 옵션 |
| left | x 축 최솟값 | 실수 |
| right | x 축 최댓값 | 실수(left 보다 작을 경우 x 축 방향이 바뀜) |

표 3-10. x 축 범위를 설정하는 plt.xlim() 함수.

| 형식 | | |
|---|---|---|
| plt.ylim( [bottom], [top], ⋯) | | |
| 매개변수 | 설정하는 특성 | 옵션 |
| bottom | y 축 최솟값 | 실수 |
| top | y 축 최댓값 | 실수(bottom 보다 작을 경우 y 축 방향이 바뀜) |

표 3-11. y 축 범위를 설정하는 plt.ylim() 함수.

이때 위의 두 함수 대신 plt.axis() 함수를 이용하여 x, y 축의 범위를 한꺼번에 설정할 수 있습니다.

| 형식 | | |
|---|---|---|
| plt.axis( ( [xmin], [xmax], [ymin], [ymax] ), ⋯) | | |
| 매개변수 | 설정하는 특성 | 옵션 |
| xmin | x 축 최솟값 | 실수 |
| xmax | x 축 최댓값 | 실수(xmin 보다 작을 경우 x 축 방향이 바뀜) |
| ymin | y 축 최솟값 | 실수 |
| ymax | y 축 최댓값 | 실수(ymin 보다 작을 경우 y 축 방향이 바뀜) |

표 3-12. x, y 축 범위를 설정하는 plt.axis() 함수.

그 외에도 x, y 축 자체를 생략하거나 x 축과 y 축의 크기 비율 등을 설정할 수 있습니다.

| 형식 | | |
|---|---|---|
| plt.title( [label], fontsize = [fsize], …) | | |
| 매개변수 | 설정하는 특성 | 옵션 |
| label | 그림 제목 | 문자열 |
| fontsize | y 축 최댓값 | 0 이상의 실수<br>(0 인 경우 이름이 거의 보이지 않음) |

표 3-13. 그림 제목을 설정하는 plt.title() 함수. 그 외 여러 문자열의 특성을 조절할 수 있습니다.

NOTE --------------------------------------------------------------------------------

*plt.subplots() 함수를 사용해 패널(axes)을 따로 정의하였을 경우 사용하는 함수들*

앞의 절에서 언급되었듯, 만약 그림 객체를 생성할 때 plt.subplots() 함수를 써서 패널(axes)을 직접 정의하였다면, 동일한 기능을 다음과 같은 axes 클래스의 함수들을 이용해 구현할 수 있습니다. 앞의 매개변수들이 그대로 적용될 수 있는 경우가 대부분이어서 일반적인 형식만 적어 놓았으나, 축 눈금을 설정하는 함수는 그렇지 않기에 설명을 추가하였으니 참고하시길 바랍니다. 또한 아래 형식에는 i 번째 행, j 번째 열의 subplot 요소를 일컬을 때 axes[i,j]라고 하였으나, subplot 들이 1 행 또는 1 열만을 차지할 경우 axes[i] 또는 axes[j]라고 적어야 하며, subplot 이 1 개인 경우엔 ax 라고 해야 합니다(i, j = 0, 1, …).

| 형식 | |
|---|---|
| axes[i,j].plot( [x], [y], colors = [c], linestyle = [linestyle], [linewidth = [linewidth], marker = [m], markersize = [msize], fillstyle = [fillstyle], …) | |

표 3-14. subplot 에 선 그래프를 그리는 Axes.plot() 함수.

| 형식 |
|---|
| axes[i,j].set_xlabel( [xlabel], fontsize = [fsize], ...) |

표 3-15. subplot 의 x 축 이름을 설정하는 Axes.set_xlabel() 함수.

| 형식 |
|---|
| axes[i,j].set_ylabel( [ylabel], fontsize = [fsize], ...) |

표 3-16. subplot 의 y 축 이름을 설정하는 Axes.set_ylabel() 함수.

| 형식 | | |
|---|---|---|
| axes[i,j].set_xticks( [ticks],, ...) | | |
| 매개변수 | 설정하는 특성 | 옵션 |
| ticks | x 축 눈금 위치 | 실수 리스트(list)/배열 |

표 3-17. subplot 의 x 축 눈금을 설정하는 Axes.set_xticks() 함수.

| 형식 | | |
|---|---|---|
| axes[i,j].set_xticklabels( [labels], fontsize = [fsize], ...) | | |
| 매개변수 | 설정하는 특성 | 옵션 |
| labels | x 축 눈금 값 | axes[i,j].set_xticks() 함수에서 설정한 [xticks]와 같은 길이의 문자열 |
| fontsize | x 축 눈금 값 글자 크기 | 0 이상의 실수 |

표 3-18. subplot 의 x 축 눈금 값을 설정하는 Axes.set_xticklabels() 함수.

| 형식 |
| --- |
| axes[i,j].set_yticks( [ticks], ...) |

| 매개변수 | 설정하는 특성 | 옵션 |
| --- | --- | --- |
| ticks | y 축 눈금 위치 | 실수 리스트(list)/배열 |

표 3-19. subplot 의 y 축 눈금을 설정하는 Axes.set_yticks() 함수.

| 형식 |
| --- |
| axes[i,j].set_yticklabels( [labels], fontsize = [fsize], ...) |

| 매개변수 | 설정하는 특성 | 옵션 |
| --- | --- | --- |
| labels | y 축 눈금 값 | axes[i,j].set_yticks() 함수에서 설정한 [yticks]와 같은 길이의 문자열 |
| fontsize | y 축 눈금 값 글자 크기 | 0 이상의 실수 |

표 3-20. subplot 의 y 축 눈금 값을 설정하는 Axes.set_yticklabels() 함수.

| 형식 |
| --- |
| axes[i,j].set_xlim( [left], [right], ⋯) |

표 3-21. subplot 의 x 축 범위를 설정하는 Axes.set_xlim() 함수.

| 형식 |
| --- |
| axes[i,j].set_ylim( [bottom], [top], ⋯) |

표 3-22. subplot 의 y 축 범위를 설정하는 Axes.set_ylim() 함수.

| 형식 |
| --- |
| axes[i,j].axis( ( [xmin], [xmax], [ymin], [ymax] ), ⋯) |

표 3-23. subplot 의 x, y 축 범위를 설정하는 Axes.axis() 함수.

| 형식 |
| --- |
| axes[i,j].set_title( [label], fontsize = [fsize], ...) |

표 3-24. subplot 의 제목을 설정하는 Axes.set_title() 함수.

subplot 이 여러 개 있을 경우 전체 그림들에 대한 대제목을 넣거나 각 패널들의 간격 및 범위를 설정해 주고 싶을 땐, 다음의 두 함수들을 이용하면 됩니다.

| 형식 | | |
| --- | --- | --- |
| plt.suptitle( [t], fontsize = [fsize], ⋯) | | |
| 매개변수 | 설정하는 특성 | 옵션 |
| t | 전체 그림 제목 | 문자열 |
| fontsize | 전체 그림 제목 크기 | 0 이상의 실수 |

표 3-25. 전체 subplot 들에 대한 제목을 설정하는 plt.suptitle() 함수.

| 형식 | | |
| --- | --- | --- |
| plt.subplots_adjust( top = [top], bottom = [bottom], left = [left], right = [right], wspace = [w], hspace = [h] ) | | |
| 매개변수 | 설정하는 특성 | 옵션 |
| top | subplot 들의 위쪽 범위 | 0-1 사이의 실수 |
| bottom | subplot 들의 아래쪽 범위 | 0-1 사이의 실수 |
| left | subplot 들의 왼쪽 범위 | 0-1 사이의 실수 |

| right | subplot 들의 오른쪽 범위 | 0-1 사이의 실수 |
|---|---|---|
| wspace | subplot 들 간의 가로 간격 | 0-1 사이의 실수 |
| hspace | subplot 들 간의 세로 간격 | 0-1 사이의 실수 |

표 3-26. subplot 배열을 조절하는 plt.subplots_adjust() 함수.

------------------------------------------------------------------------

### 3-2-2. log-pressure 그래프

기압에 따른 기상변수의 연직 분포를 그릴 때, 보통 y 축 눈금은 압력에 대해 등간격이 아니라 압력의
log 값에 대해 등간격이도록 그림을 그리는 경우가 많습니다. 이러한 log-pressure 그래프도
파이썬에서 쉽게 그릴 수 있습니다. 가령 일정한 기온감률을 가지는 정역학 평형 상태의 대기 압력에
따른 기온 분포를 아래 그림과 같이 나타내 보겠습니다.

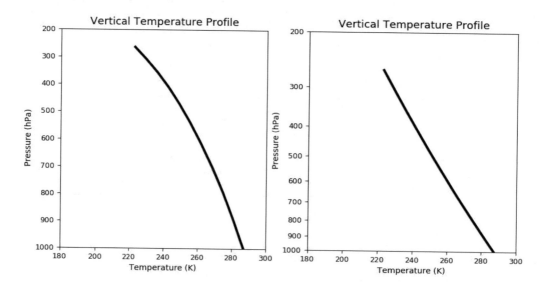

그림 3-3. log-pressure 그래프 예시 그림. 왼쪽은 y 축이 linear scale 로,
오른쪽은 y 축이 log scale 로 그려졌습니다.

134

다음의 순서로 코드를 작성해 위 그림을 그려 보겠습니다.

```
1) 그림 표출 및 계산에 필요한 패키지 불러오기(Pyplot, Numpy)
2) 자료를 정의할 때 필요한 변수 정의 및 자료 생성
3) 그림 객체 및 패널(axes) 생성
4) 자료의 선 그래프 그리기
5) 그림의 세부 설정 조절 후 그림창 띄우기
```

먼저 그림을 그리기 위해 필요한 Pyplot 과 함께 수치 계산을 편하게 하기 위해 Numpy 패키지를 불러오고, 변수들을 다음과 같이 정의합니다.

```python
import numpy as np
import matplotlib.pyplot as plt

# 변수 정의하기
p0 = 1013          # 지표면 기압 (단위: hPa)
T0 = 288           # 지표면 기온 (단위: K)
lapse = 6.5e-3     # 대기 기온 감률 (단위: K m^(-1))
g = 9.8            # 중력가속도 (단위: m s^(-2))
R = 287            # 대기 기체 상수 (단위: J kg^(-1) K^(-1))

z = np.arange(0, 1e4+1e3, 1e3)            # 기온, 기압을 계산할 고도들 (단위: m)
T = T0 - lapse * z                        # 각 고도에서의 기온 (단위: K)
p = p0 * (1 - lapse * z / T0)**(g / (R * lapse))    # 각 고도에서의 기압 (단위: hPa)

# 축 설정에 사용될 눈금들
xticks = np.arange(180, 300+20, 20)
yticks = np.arange(100, 1000+100, 100)
```

그 다음 그림 객체를 생성하고, 기온과 기압에 관한 그래프를 그립니다. 이번에는 plt.subplots() 함수를 사용해 그림 객체와 패널(axes)을 함께 생성하였습니다.

```python
fig, axes = plt.subplots(1,2, figsize = (10,5))    # 1 행 2 열, 가로 10 인치 세로 5 인치
for i in range(2):
```

```
axes[i].plot(T, p, 'k-', linewidth = 3)
if i == 1:
    axes[i].set_yscale('log')          # y 축을 log scale 로 만들기
```

0 번 패널(axes)에 대해선 y 축을 기본 방식, 즉 linear scale 로 그리고, 1 번 패널(axes)에 대해선 Axes.set_yscale() 함수를 이용해 y 축을 log scale 로 나타냈습니다.

| 형식 | | |
|---|---|---|
| axes[i].set_yscale( [value], ⋯) | | |
| 매개변수 | 설정하는 특성 | 옵션 |
| value | y 축의 scale | ex. 'linear' : linear scale<br>'log' : log scale<br>… |

표 3-27. y 축의 scale 을 결정하는 Axes.set_yscale() 함수. plt.yscale() 함수와 동일.

그다음 각 패널(axes)에 공통적으로 축의 이름, 축 눈금과 범위 그리고 그림 제목을 아래와 같이 설정합니다.

```
axes[i].set_xlabel("Temperature (K)", fontsize = 10)
axes[i].set_ylabel("Pressure (hPa)", fontsize = 10)
axes[i].set_xticks(xticks)
axes[i].set_xticklabels([str(x) for x in xticks], fontsize = 9)
axes[i].set_yticks(yticks)
axes[i].set_yticklabels([str(y) for y in yticks], fontsize = 9)
axes[i].axis((180, 300, 200, 1000))
axes[i].set_title("Vertical Temperature Profile", fontsize = 13)
```

여기서는 xticks, yticks 의 값을 문자열로 바꾸어 x, y 축의 눈금 값(ticklabel)으로 설정했습니다. 이런 방식으로 하면 format 문을 사용하여 눈금 값의 형식을 지정한다든지 하는 추가적인 꾸미기를

할 수 있다는 장점이 있습니다. 반면 눈금 값을 따로 주지 않고 ticker 클래스의 Formatter 를 이용해 눈금 값을 꾸미는 접근 방법도 있습니다(3-7 절 참조).

마지막으로 기압은 연직 고도가 높아질수록 낮아지므로 y 축 방향을 뒤집어 주어야 합니다. y 축의 눈금 위치를 뜻하는 yticks 의 값을 큰 값부터 순차적으로 감소하도록 정의하여 구현할 수도 있지만, 또다른 방법으로 Axes.invert_yaxis()라는 함수를 쓸 수도 있습니다. 만약 그림 객체를 plt.figure() 함수를 사용해 생성해서 패널(axes)을 따로 정의하지 않았다면 plt.gca() 함수를 써서 현재 그리고 있는 그림의 패널(axes)을 불러온 후 사용할 수 있습니다.

```
axes[i].invert_yaxis()        # y 축 뒤집기

plt.show()
```

이후 그림 창을 띄우면 그림 3-3 의 우측 패널에서 볼 수 있듯이 기압의 log scale 에 기온이 거의 선형적으로 변하는 결과를 얻을 수 있습니다.


### 3-2-3. 색이 채워진 선 그래프

엘니뇨-남방진동(El Nino-Southern Oscillation), 북극진동(Arctic Oscillation)과 관련된 지표들처럼 때때로 어떤 변수의 양/음 변화를 보기 쉽게 표현하기 위해 y 값이 양수인 영역과 음수인 영역을 서로 다른 색으로 칠하곤 합니다.

이번 예제에선 NCAR/UCAR Climate Data Guide 사이트에서 볼 수 있는 다음 그림 3-4 를 실제 ONI(Ocean Nino Index) 자료를 이용해 비슷하게 재현해 보겠습니다(Trenberth & National

Centre for Atmospheric Research Staff, 2020[7]). 소개할 예시 코드의 결과 그림은 그림 3-5 와 같으며, 원본과 세부적인 색깔 및 위치 설정 등의 차이가 있습니다. 또한 코드에서 사용될 많은 함수들 중 핵심적인 역할을 한 함수들 위주로 소개하고, 그 외의 유용한 함수들은 절 끝에 나열했으니 참고하시길 바랍니다.

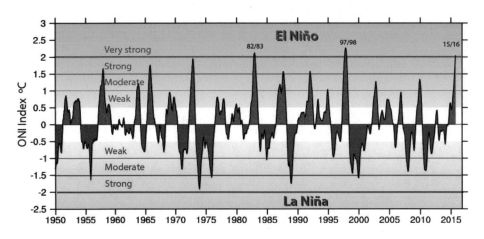

그림 3-4. 1950-2016 년 동안의 ONI time series 그래프(Trenberth(2020)에서 가져옴).

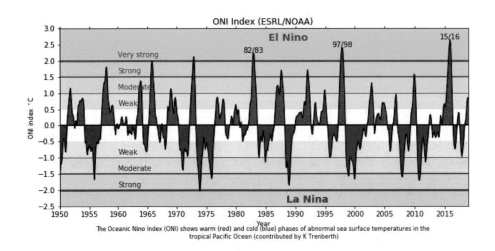

그림 3-5. 그림 3-4 를 재현한 그림. 단, 기간은 2019 년까지로 연장되었습니다.

---

[7] Trenberth, K., & National Centre for Atmospheric Research Staff. (2020). *The Climate Data Guide: Nino SST indices (Nino 1+ 2, 3, 3.4, 4; ONI and TNI)*. Retrieved from https://climatedataguide.ucar.edu/climate-data/nino-sst-indices-nino-12-3-34-4-oni-and-tni

그림을 그리는 데 필요한 자료는 ESRL/NOAA 의 1950 년 1 월부터 2019 년 11 월까지의 월별 ONI 자료로, Trenberth (2020)에 들어가 자료를 다운로드할 수 있습니다.

다운로드된 텍스트 파일을 열어 보면 아래와 같이 1 번째 줄에는 자료의 시작연도 마지막 연도가 있고, 그다음 줄부터 매년 월별 ONI 자료가 있음을 알 수 있습니다. 2019 년까지의 ONI 자료가 다 나온 후엔 자료의 missing value(-99.9)가 나오며, 그다음에는 자료에 관한 정보가 나옵니다.

```
1950        2019
1950   -1.53  -1.34  -1.16  -1.18  -1.07  -0.85  -0.54  -0.42  -0.39  -0.44  -0.60  -0.80
1951   -0.82  -0.54  -0.17   0.18   0.36   0.58   0.70   0.89   0.99   1.15   1.04   0.81
1952    0.53   0.37   0.34   0.29   0.20   0.00  -0.08   0.00   0.15   0.10   0.04   0.15
1953    0.40   0.60   0.63   0.66   0.75   0.77   0.75   0.73   0.78   0.84   0.84   0.81
1954    0.76   0.47  -0.05  -0.41  -0.54  -0.50  -0.64  -0.84  -0.90  -0.77  -0.73  -0.66

                                    ...

2016    2.53   2.23   1.68   1.03   0.48  -0.00  -0.34  -0.57  -0.68  -0.74  -0.71  -0.56
2017   -0.29  -0.06   0.15   0.29   0.39   0.38   0.16  -0.14  -0.44  -0.70  -0.88  -0.97
2018   -0.87  -0.76  -0.60  -0.41  -0.13   0.06   0.11   0.20   0.43   0.70   0.85   0.81
2019    0.80   0.82   0.81   0.75   0.63   0.52   0.30   0.11   0.13   0.29   0.46  -99.90
       -99.9
ONI from CPC
  Provided by NOAA/PSD
  From http://www.cpc.ncep.noaa.gov/data/indices/oni.ascii.txt
As of 09/20/2015, uses NOAA ERSST V5 from V3
represents 3 month running mean of ERSST.v5 SST
anomalies in the Niño 3.4 region
(5oN-5oS, 120o-170oW)]
```

그림 3-6. ONI 자료 텍스트 파일 내용 일부.

이제 자료를 읽어 그림을 그려 보겠습니다. 예시로 소개할 코드는 아래와 같은 순서로 진행됩니다.

1) 그림 표출 및 계산에 필요한 패키지 불러오기
2) 자료 파일로부터 연도와 월별 ONI 값 읽고 그림에 사용될 변수들 정의하기
3) 그림 객체 및 패널(axes) 생성
4) 색이 채워진 ONI 선 그래프와 빨간색, 파란색 박스 그리기 및 텍스트 넣기
5) 그림의 세부 설정 조절 후 그림 파일 저장

그림 및 계산에 필요한 패키지들로 아래 코드에선 Pyplot, Numpy 그리고 추가적으로 그래프에 색칠된 직사각형 영역을 넣기 위해 Matplotlib 의 Patches 를 불러왔습니다. 그다음 open() 함수를 이용해 텍스트 파일을 열고, readlines() 함수를 이용해 파일의 모든 줄을 읽습니다.

```python
import numpy as np
import matplotlib.pyplot as plt
import matplotlib.patches as patches
```

```
f = open("./oni.data", "r")          # 파일 열기
lines = f.readlines()                 # 파일의 모든 줄 읽기
f.close()                             # 파일 닫기
```

lines 변수를 출력해 보면 이 변수는 oni.data 텍스트 파일의 각 줄을 원소로 갖는 리스트(list)임을 알 수 있습니다.

```
print(lines)
```

```
[' 1950        2019\n', ' 1950  -1.53 -1.34 -1.16 -1.18 -1.07 -0.85 -0.54 -0.42 -0.3
9 -0.44 -0.60 -0.80\n', ' 1951 -0.82 -0.54 -0.17  0.18  0.36  0.58  0.70  0.89  0
.99  1.15  1.04  0.81\n', ' 1952  0.53  0.37  0.34  0.29  0.20  0.00 -0.08  0.00
  0.15  0.10  0.04  0.15\n', ' 1953  0.40  0.60  0.63  0.66  0.75  0.77  0.75  0.73
  0.78  0.84  0.84  0.81\n', ' 1954  0.76  0.47 -0.05 -0.41 -0.54 -0.50 -0.64 -0.
84 -0.90 -0.77 -0.73 -0.66\n', ' 1955 -0.68 -0.62 -0.69 -0.80 -0.79 -0.72 -0.68 -
0.75 -1.09 -1.42 -1.67 -1.47\n', ' 1956 -1.11 -0.76 -0.63 -0.54 -0.52 -0.51 -0.57

                              ...
   0.29  0.39  0.38  0.16 -0.14 -0.44 -0.70 -0.88 -0.97\n', ' 2018 -0.87 -0.76 -0.
60 -0.41 -0.13  0.06  0.11  0.20  0.43  0.70  0.85  0.82\n', ' 2019  0.81  0.83
 0.82  0.76  0.64  0.53  0.31  0.12  0.15  0.30 -99.90 -99.90\n', '  -99.9\n', ' ONI fr
om CPC\n', '  Provided by NOAA/PSD\n', '  From http://www.cpc.ncep.noaa.gov/data/indices/oni.
ascii.txt\n', ' As of 09/20/2015, uses NOAA ERSST V5 from V3\n', ' represents 3 month running
 mean of ERSST.v5 SST\n', ' anomalies in the Niño 3.4 region \n', ' (5oN-5oS, 120o-170oW)]\n'
]
```

아래 코드는 이를 이용해 시작연도와 마지막 연도를 구하고, 월별 ONI 자료와 그에 대응하는 연도 배열을 얻는 예시입니다.

```
startyear = int(lines[0].split()[0])        # 시작 연도
endyear = int(lines[0].strip().split()[1])  # 마지막 연도
nyear = endyear - startyear + 1             # 연도 개수

lines = lines[1:(nyear+1)]                  # lines 의 원소 중 ONI 자료가 있는 부분만 남김

years = np.zeros(nyear*12, dtype=np.int32)  # 전체 자료 개수만큼의 연도 배열 (정수값)
oni = np.zeros(nyear*12)                    # 월별 ONI 자료 배열
for i, line in enumerate(lines):
    words = line.strip().split()            # lines 의 i 번째 원소를 쪼갬
```

```
    j = i*12
    years[j:j+12] = words[0]
    oni[j:j+12] = [float(x) for x in words[1:]]  # lines 에 담긴 ONI 자료를 실수로
                                                  # 바꾸어 oni 에 저장
```

이제 자료의 missing value 가 -99.9 라는 것을 알고 있으므로, 이 값이 그래프를 그릴 때 표시되지 않도록 NaN 값으로 바꿔 줍니다.

추가로 월별 ONI 자료에 대응되는 시간(단위: 연) 배열 time 과, 그림의 y=0 선에 해당하는 zero_line 변수를 정의했습니다. y=0 선을 그리는 또다른 방법으로 plt.axhline() 또는 Axes.axhline() 함수를 사용해도 되며, 이 함수에 대한 설명은 NOTE 를 참고하시기 바랍니다.

```
oni[oni == -99.9] = np.nan          # missing value 인 원소들을 NaN 값으로 바꾸기

months = np.tile(np.arange(12)/12, nyear)    # 월을 연도 단위로 나타낸 배열
                                             # (1 월 = 0, 12 월 = 11/12)
time = years + months                # 시간 배열
zero_line = np.zeros(len(oni))       # y=0 자료
```

이제 그림을 그리기 위해 그림 객체를 생성합니다. 이번 예제에선 plt.subplots()를 사용했습니다. 그런 다음, 원본 그림의 배경에 있는 색을 표현하기 위해 사각형을 Patches 의 Rectangle() 함수를 이용해 그렸습니다. 색칠된 영역 사이에 있는 선은 plot() 함수를 이용해 그렸으나, patches.Rectangle() 함수의 매개변수를 조절해 비슷한 효과를 낼 수 있습니다. 그림에 직사각형을 그리는 또다른 방법으로 plt.axhspan() 또는 Axes.axhspan() 함수를 쓸 수도 있는데, 이에 대해선 NOTE 의 설명을 참조하시기 바랍니다.

```
fig, ax = plt.subplots(1,1, figsize = (10,5))

words_blue = ['Weak', 'Moderate', 'Strong', '']              # y 값 기준별 의미 표시
words_red = ['Weak', 'Moderate', 'Strong', 'Very strong']    # y 값 기준별 의미 표시

# 파란색 영역
for i in range(4):
```

```
    bluebox = patches.Rectangle((startyear, -2.5+0.5*i), nyear, 0.5, facecolor = "blue",
alpha = 0.1+0.03*(3-i))          # 직사각형 정의
    ax.add_patch(bluebox)      # 직사각형을 그림에 추가
    ax.text(startyear+10, -2.5+0.5*i+0.1, words_blue[3-i], color = 'blue')    # 글 추가
    if i < 3:
        ax.plot([startyear, endyear], np.repeat(-2.+0.5*i,2), 'blue', linewidth = 3-i)    # 선
추가

# 빨간색 영역
for i in range(4):
    if i == 3:
        dy = 1.
    else:
        dy = 0.5
    redbox = patches.Rectangle((startyear, 0.5+0.5*i), nyear, dy, facecolor = "red", alpha
= 0.1+0.03*i)
    ax.add_patch(redbox)
    ax.text(startyear+10, 0.5+0.5*i+0.1, words_red[i], color = 'red')
    if i < 3:
        ax.plot([startyear, endyear], np.repeat(1.+0.5*i,2), 'red', linewidth = i+1)
```

| 형식 | | |
|---|---|---|
| patches.Rectangle( ( [x], [y] ), [width], [height], facecolor = [fc], edgecolor = [ec], linewidth = [lw], alpha = [alpha], …) | | |
| 매개변수 | 설정하는 특성 | 옵션 |
| [x] | 직사각형의 왼쪽 x 위치 | 실수 |
| [y] | 직사각형의 아래 y 위치 | 실수 |
| width | 직사각형의 가로 길이 | 0 이상의 실수<br>(0 인 경우 직사각형이 그려지지 않음) |
| height | 직사각형의 세로 길이 | 0 이상의 실수 |
| facecolor | 직사각형 내부 색 | Pyplot 에서 인식하는 색 이름 또는 RGB 튜플 |
| edgecolor | 직사각형 테두리 색 | Pyplot 에서 인식하는 색 이름 또는 RGB 튜플 |
| linewidth | 직사각형 테두리 두께 | 0 이상의 실수 |

| alpha | 투명도 | 0-1 사이의 실수<br>(0 에 가까울 수록 투명해짐) |
|---|---|---|

표 3-28. 직사각형을 정의하는 patches.Rectangle() 함수.

| 형식 | | |
|---|---|---|
| ax.add_patch( [p] ) | | |
| 매개변수 | 설정하는 특성 | 옵션 |
| [p] | 그림에 추가하려는 도형 | Patches 의 함수를 통해 형성된 객체 |

표 3-29. Patches 의 함수를 통해 정의된 객체를 그림에 추가하는 Axes.add_patch() 함수.

이제 그려진 직사각형 위에 ONI 자료의 시계열(time series) 그래프를 그립니다. 그다음, Axes.fill
_between() 함수를 이용해 ONI 가 0 보다 높은 영역은 빨간색으로, 0 보다 낮은 지역은 파란색으로
색칠합니다. 여기선 plt.subplots()를 통해 전체 그림 객체를 생성했는데, 만약 패널(axes)을 따로
정의하지 않았다면 plt.fill_between()을 쓰고 매개변수는 동일하게 사용하면 됩니다.

```
ax.plot(time, oni, 'k')          # ONI time series 그래프
ax.plot(time, zero_line, 'k')    # y=0 그래프
ax.fill_between(time, zero_line, oni, where = oni > zero_line, facecolor = 'red')  # oni >
zero_line 인 영역을 빨간색으로 칠하기
ax.fill_between(time, zero_line, oni, where = oni < zero_line, facecolor = 'blue')  # oni
< zero_linew 인 영역을 파란색으로 칠하기
```

| 형식 | | |
|---|---|---|
| ax[i,j].fill_between( [x], [y1], [y2], where = [condition], facecolor = [fc], alpha = [alpha], ···) | | |
| 매개변수 | 설정하는 특성 | 옵션 |
| [x] | 두 그래프의 x 값들 | 실수 리스트(list)/배열 |
| [y1] | 1 번째 그래프의 y 값들 | [x]와 같은 길이의 실수 리스트(list)/배열 |

| [y2] | 2 번째 그래프의 y 값들 | [x]와 같은 길이의 실수 리스트(list)/배열 |
| --- | --- | --- |
| where | 색칠 영역 | [x]와 같은 길이의 논리 자료형 (boolean) 리스트(list)/배열 |
| facecolor | 색칠하려는 영역의 색 | Pyplot 에서 인식하는 색 이름 또는 RGB 튜플 |
| alpha | 투명도 | 0-1 사이의 실수 |

표 3-30. x 좌표를 공유하는 두 그래프 사이의 영역 칠하는 Axes.fill_between() 함수.

그림 내에 텍스트도 추가합니다. ONI 값이 2 이상인 연도를 찾아 해당 연도 또는 그다음 해의 ONI 값 중 제일 큰 값 위에 텍스트를 넣어 줍니다. 이 과정에서 np.unique(), np.where(), np.logical_or() 함수를 사용했습니다. 그림에 텍스트를 넣을 땐 Axes.text() 또는 plt.text() 함수를 쓸 수 있습니다.

```
ax.text((startyear+endyear)/2.+4, -2.4, 'La Nina', color = 'blue', size = 14, weight =
'bold')
ax.text((startyear+endyear)/2.+1, 2.6, 'El Nino', color = 'red', size = 14, weight = 'bold')

index_bigElnino = oni >= 2      # ONI 가 2 이상인 인덱스(index)
year_bigElnino = np.unique( years[index_bigElnino] )   # ONI 가 2 이상인 해들(중복된 값
제외)

for i in range(len(year_bigElnino)-1):
    yearnow = year_bigElnino[i]        # 현재 인덱스(index)의 연도
    yearnext = year_bigElnino[i+1]      # 다음 인덱스(index)의 연도
    if yearnext == yearnow + 1:         # 두 연도가 이웃한 경우에만 텍스트를 넣음
        target_years = np.logical_or(years == yearnow, years == yearnext)   # 연도가 현재
또는 다음 연도인 인덱스(index)
        index_onimax = np.where(oni == np.max(oni[target_years]))[0][0]   # 현재 또는
다음 연도의 ONI 값 중 최댓값의 인덱스(index) 중 1 번째 값
        time_onimax = time[index_onimax]    # 현재 또는 다음 연도의 ONI 값 중 최댓값이
나타나는 시기
        onimax = oni[index_onimax]          # 현재 또는 다음 연도의 ONI 값 중 최댓값
        text = str(yearnow)[2:]+'/'+str(yearnow+1)[2:]     # 넣을 텍스트
        print(yearnow, yearnext, time_onimax, onimax, text)
        ax.text(time_onimax, onimax, text, ha = 'center', va = 'bottom')
```

```
1982  1983  1982.9166666666667  2.23 82/83
1997  1998  1997.8333333333333  2.4 97/98
2015  2016  2015.9166666666667  2.64 15/16
```
..

| 형식 | | |
|---|---|---|
| ax.text( [x], [y], [s], ha = [ha], va = [va], …) | | |
| 매개변수 | 설정하는 특성 | 옵션 |
| [x] | 텍스트의 x 좌표 | 실수 (기본적으로 자료값으로 지정) |
| [y] | 텍스트의 y 좌표 | 실수 (기본적으로 자료값으로 지정) |
| ha (horizontalalignment) | 텍스트 가로 정렬 방식 | ex. 'left': 왼쪽 정렬<br>'center': 가운데 정렬<br>'right': 오른쪽 정렬 |
| va (verticalalignment) | 텍스트 세로 정렬 방식 | ex. 'top': 위쪽 정렬<br>'center': 가운데 정렬<br>'bottom': 아래쪽 정렬 |

표 3-31. 그림에 텍스트를 넣는 Axes.text() 함수.

마지막으로 그림의 설정을 조절해 주고 그림을 파일로 저장합니다. 이때 Axes.tick_params() 함수를 이용하면 축 눈금과 값을 어떤 축에 넣을지를 포함해 다양한 그림 특성들을 설정해 줄 수 있습니다.

```
ax.set_xlim([startyear, endyear])
ax.set_ylim([-2.5, 3.])
ax.set_xlabel("Year", fontsize = 9)
ax.set_xticks([int(x) for x in np.arange(startyear, endyear, 5)])
ax.set_ylabel("ONI index $^\circ$C", fontsize = 9)          # 섭씨 온도 기호
ax.set_yticks(np.arange(-2.5, 3.+0.5, 0.5))
ax.set_title("ONI Index (ESRL/NOAA)", fontsize = 12)

ax.tick_params(bottom = True, top = True, left = True, right = True)   # 축 눈금을 넣을
축을 설정
ax.tick_params(labelbottom = True, labeltop = False, labelleft = True, labelright = False)
```

```
plt.subplots_adjust(top = 0.9, bottom = 0.2,
                    left = 0.1, right = 0.9,
                    wspace = 0.1, hspace = 0.1)

filename_figure = "ONI_timeseries.png"
plt.savefig(filename_figure)
```

| 형식 |
| --- |
| ax.tick_params( axis = [axis], which = [which], direction = [dir], length = [length], labelsize = [lsize], bottom = [b], top = [t], left = [l], right = [r], labelbottom = [lb], labeltop = [lt], labelleft = [ll], labelright = [lr], ⋯) |

| 매개변수 | 설정하는 특성 | 옵션 |
| --- | --- | --- |
| axis | 설정을 적용하려는 축 | 'x', 'y', 'both' |
| which | 설정을 적용하려는 눈금 | 'major': 큰 눈금에 적용<br>'minor': 작은 눈금에 적용<br>'both': 두 종류의 눈금 모두에 적용 |
| direction | 축 눈금 방향 | 'in': 그림 안쪽으로 눈금을 그림<br>'out': 그림 바깥쪽으로 눈금을 그림<br>'inout': 그림 안쪽과 바깥쪽으로 눈금을 그림 |
| length | 축 눈금 길이 | 0 이상의 실수 |
| labelsize | 축 눈금 값 크기 | 0 이상의 실수 |
| bottom | 아래 x 축 눈금 표시 여부 | 참/거짓 |
| top | 위 x 축 눈금 표시 여부 | 참/거짓 |
| left | 왼쪽 y 축 눈금 표시 여부 | 참/거짓 |
| right | 오른쪽 y 축 눈금 표시 여부 | 참/거짓 |
| labelbottom | 아래 x 축 눈금 값 표시 여부 | 참/거짓 |
| labeltop | 위 x 축 눈금 값 표시 여부 | 참/거짓 |

| | | |
|---|---|---|
| labelleft | 왼쪽 y 축 눈금 값 표시 여부 | 참/거짓 |
| labelright | 오른쪽 y축 눈금 값 표시 여부 | 참/거짓 |

표 3-32. 축, 축 눈금 값, 격자 등을 설정하는 Axes.tick_params() 함수.

NOTE --------------------------------------------------------------------------------------

*예제 3-2-3 에서 사용된 기타 유용한 함수들*

| 형식 | | |
|---|---|---|
| np.tile( [value], [reps] ) | | |
| 매개변수 | 설정하는 특성 | 옵션 |
| [value] | 반복해           붙이려는 값/배열/리스트(list) | 실수, 문자열 등의 값/배열/리스트(list) |
| reps | 반복 횟수 | 0 이상의 정수 (0 인 경우 빈 배열을 돌려줌) |

표 3-33. 같은 값/배열/리스트(list)를 반복해 붙인 배열을 만드는 np.tile() 함수.

| 형식 | | |
|---|---|---|
| np.unique( [ar], ··· ) | | |
| 매개변수 | 설정하는 특성 | 옵션 |
| [ar] | 중복된  값을  제거하려는 리스트(list)/배열 | 리스트(list)/배열 |

표 3-34. 리스트(list)/배열의 중복된 값을 제거해 주는 np.unique() 함수.

147

| 형식 | | |
|---|---|---|
| np.logical_or( [condition1], [condition2], …) | | |
| 매개변수 | 설정하는 특성 | 옵션 |
| [condition1] | 조건 1 | 논리 자료형(boolean) 배열 |
| [condition2] | 조건 2 | [condition1]과 같은 모양의 논리 자료형(boolean) 배열 |

표 3-35. 두 조건 중 하나 이상을 만족하는지 알려 주는 np.logical_or() 함수.

| 형식 | | |
|---|---|---|
| np.logical_and( [condition1], [condition2], …) | | |
| 매개변수 | 설정하는 특성 | 옵션 |
| [condition1] | 조건 1 | 논리 자료형(boolean) 배열 |
| [condition2] | 조건 2 | [condition1]과 같은 모양의 논리 자료형(boolean) 배열 |

표 3-36. 두 조건 모두를 만족하는지 알려주는 np.logical_and() 함수.

다음은 예제 3-2-3 에서 사용되지 않았지만 언급되었던 유용한 함수들입니다.

| 형식 | | |
|---|---|---|
| plt.axhline( y = [y], xmin = [xmin], xmax = [xmax], …) | | |
| 매개변수 | 설정하는 특성 | 옵션 |
| y | 넣으려는 수평선의 y 값 | 실수 |
| xmin | 수평선의 왼쪽 끝 위치 | 0-1 사이의 실수<br>(0 = x 축 왼쪽 끝, 1 = x 축 오른쪽 끝) |
| xmax | 수평선의 오른쪽 끝 위치 | 0-1 사이의 실수<br>(0 = x 축 왼쪽 끝, 1 = x 축 오른쪽 끝) |

표 3-37. 수평선을 그리는 plt.axhline() 함수. Axes.axhline()도 동일.

| 형식 | | |
|---|---|---|
| plt.axhspan( ymin = [ymin], ymax = [ymax], xmin = [xmin], xmax = [xmax], color = [c], alpha = [alpha], ...) | | |
| 매개변수 | 설정하는 특성 | 옵션 |
| ymin | 직사각형의 밑변 y 축 위치 | 실수 |
| ymax | 직사각형의 윗변 y 축 위치 | 실수 |
| xmin | 직사각형의 왼쪽 x 축 위치 | 0-1 사이의 실수<br>(0 = x 축 왼쪽 끝, 1 = x 축 오른쪽 끝) |
| xmax | 직사각형의 오른쪽 x 축 위치 | 0-1 사이의 실수<br>(0 = x 축 왼쪽 끝, 1 = x 축 오른쪽 끝) |
| color | 직사각형 색깔 | Pyplot 에서 인식하는 색 이름 또는 RGB 튜플 |
| alpha | 직사각형 투명도 | 0-1 사이의 실수 |

표 3-38. 직사각형을 그리는 plt.axhspan() 함수. Axes.axhspan()도 동일.

## 3-3. 산점도(Scatter plot)

xy 평면 상에 다양한 형태의 마커(marker)를 사용한 산점도(scatter plot)를 통해 두 자료 간의 관계와 분포를 시각적으로 나타낼 수 있습니다. Pyplot 에선 plt.plot() 함수에서 매개변수를 적절히 조절해 주거나 plt.scatter() 함수를 사용해 산점도를 그릴 수 있습니다.

### 3-3-1. 기본적인 산점도

아래 그림 3-7 은 임의로 정한 기간(2000-2019 년)과 지역(40-50ºN, 320-330ºE)에서 월평균 지표 기온과 상대습도 간의 계절별 관계를 표현한 산점도입니다.

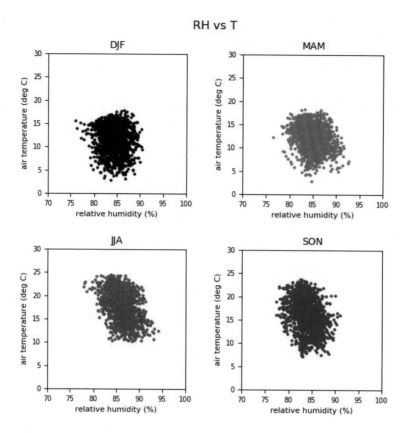

그림 3-7. 2000-2019 년 40-50ºN, 320-330ºE 월평균 상대습도와 기온의 계절별 산점도.

이번 예제에서 사용한 자료는 NCEP/NCAR 월평균 지표 기온과 상대습도 재분석(Reanalysis) 자료입니다(Kalnay et al., 1996).[8] 자료는 NOAA/OAR/ESRL PSL, Boulder, Colorado, USA 에서 제공하였으며, 해당 웹사이트(https://psl.noaa.gov/)[9]에서 다운로드할 수 있습니다. 자료를 다운로드한 후, 자료의 기본적인 변수 구성을 확인합니다(netCDF4 자료의 기본적인 정보를 확인하는 방법은 2-3-3 절을 참고하시기 바랍니다).

예시 코드의 구성 순서는 다음과 같습니다.

---

[8] Kalnay, E., Kanamitsu, M., Kistler, R., Collins, W., Deaven, D., Gandin, L., ... & Zhu, Y. (1996). The NCEP/NCAR 40-year reanalysis project. *Bulletin of the American meteorological Society, 77*(3), 437-472. https://doi.org/10.1175/1520-0477(1996)077<0437:TNYRP>2.0.CO;2

[9] Physical Sciences Laboratory (PSL). (n.d.). *NCEP/NCAR Reanalysis Monthly Means and Other Derived Variables.* Retrieved from https://psl.noaa.gov/data/gridded/data.ncep.reanalysis.derived.surface.html

1) 그림 표출 및 계산에 필요한 패키지를 불러온 후 매개변수들을 정의하기
2) 함수를 정의해 기온과 상대습도 자료를 파일로부터 읽고 계절을 나타내는 변수 정의하기
3) 그림 객체와 패널(axes) 생성 및 그림 보조 변수들(축, 제목, 색깔, …) 정의
4) 각 subplot 에 상대습도와 기온에 관한 산점도 그리기
5) 그림의 세부 설정 조절 후 그림창을 띄워 결과를 표출

먼저 Numpy 와 Pyplot, 그리고 netCDF4 파일을 읽기 위한 netCDF4.Dataset 클래스와 시간 자료를 다루기 위해 datetime 모듈에서 date, timedelta 클래스를 가져옵니다. 또한 코드에서 자주, 또는 중요하게 사용될 매개변수들을 미리 정의합니다. 이렇게 하면 이후 코드를 일반화할 때 편리합니다.

```python
import numpy as np
from netCDF4 import Dataset
import matplotlib.pyplot as plt
from datetime import date, timedelta

# 매개변수
startyear = 2000
endyear = 2019
minLat = 40
maxLat = 50
minLon = 320
maxLon = 330
```

다음으로 netCDF4.Dataset 을 이용해 netCDF4 파일에서 원하는 기간과 지역의 변수를 읽고, 시간 정보를 이용해 계절을 정의합니다. 지표 기온과 상대습도에 대해 동일한 작업을 해 줘야 하므로 아래 예시 코드와 같이 함수를 정의하면 동일한 작업을 반복해서 적지 않아도 되므로 코드를 보다 간략하게 만들 수 있습니다.

```python
# netCDF4 파일에서 변수를 읽어 오는 함수
def get_var(varname):
    f = Dataset(varname+".mon.mean.nc", "r")  # netCDF4 파일 객체
    lat = np.squeeze( f.variables["lat"][:] )  # 위도 자료
```

```
    lon = np.squeeze( f.variables["lon"][:] )  # 경도 자료
    ind_lat = np.logical_and(lat >= minLat, lat <= maxLat) # 원하는 범위의 위도에 해당하는
인덱스(index)
    ind_lon = np.logical_and(lon >= minLon, lon <= maxLon)  # 원하는 범위의 경도에
해당하는 인덱스(index)
    nlat, nlon = ind_lat.sum(), ind_lon.sum()

    time = np.squeeze( f.variables["time"][:] )  # 시간 자료
    time = np.array([date(1800,1,1) + timedelta(hours = x) for x in time])  # 시간 자료를
정의에 따라 연/월/일로 바꿔 줌
    years = np.array([x.year for x in time])  # 연도
    months = np.array([x.month for x in time])  # 월

    ind_time = np.logical_and(years >= startyear, years <= endyear)  # 원하는 범위의
연도에 해당하는 인덱스(index)
    time = time[ind_time]
    years = years[ind_time]
    months = months[ind_time]

    season = np.zeros_like(months, dtype = np.int16)  # 계절 계산. 여기선 0=DJF,
1=MAM, 2=JJA, 3=SON 으로 정의
    season[np.logical_and(months >= 3, months <= 5)] = 1
    season[np.logical_and(months >= 6, months <= 8)] = 2
    season[np.logical_and(months >= 9, months <= 11)] = 3

    var = np.squeeze( f.variables[varname][ind_time,ind_lat,ind_lon] )  # 원하는 시간,
공간 범위의 변수
    print(np.shape(var))  # 변수의 총 길이 체크
    return(season, var)

# 변수 읽기
season, air = get_var("air")
_, rhum = get_var("rhum")
```

```
(240, 5, 5)
(240, 5, 5)
```

파일 변수를 f, 읽으려는 변수명을 varname 이라고 할 때, f.variables[varname][:]을 하면 읽으려는

자료를 Numpy 배열로 변환할 수 있습니다(참조: 2-3-3 절). 추가로 np.squeeze() 함수를 쓰면 (n,1) 또는 (1,n) 모양의 배열을 (n,) 모양으로 압축할 수 있습니다. 또한 np.zeros_like() 함수를 쓰면 주어진 유사배열(array-like) 객체와 같은 모양의 모든 요소가 0 인 배열을 생성할 수 있습니다.

한편 netCDF4 파일에 저장된 time 변수가 1800 년 1 월 1 일부터 지나간 시간으로 정의되어 있기 때문에 이를 익숙한 연/월/일로 바꾸고, 이를 바탕으로 계절을 계산해야 하는데, 여기선 datetime.date()와 datetime.timedelta() 클래스를 이용했습니다. 각 함수 및 클래스들에 대한 정보는 아래 표들과 NOTE 에서 확인할 수 있습니다.

| 형식 | | |
|---|---|---|
| date( [year], [month], [day] ) | | |
| 매개변수 | 설정하는 특성 | 옵션 |
| year | 연도 | 자연수 |
| month | 월 | 1-12 범위의 자연수 |
| day | 일 | 각 연도와 월의 일(day) 수 이하의 자연수 |

표 3-39. 연/월/일 객체인 datetime.date() 클래스.

| 형식 | | |
|---|---|---|
| timedelta( days = [days], hours = [hours], minutes = [minutes], seconds = [seconds], …) | | |
| 매개변수 | 설정하는 특성 | 옵션 |
| days | 일 차이 | 실수 |
| hours | 시간 차이 | 실수 |
| minutes | 분 차이 | 실수 |
| seconds | 초 차이 | 실수 |

표 3-40. 날짜 차이를 만들어 주는 datetime.timedelta() 클래스.

필요한 자료를 모두 읽었으니 이제 그림을 그려 보겠습니다. 2x2 subplot 배열을 그리기 위해

plt.subplots()를 이용해 그림 객체와 패널들을 생성한 후, 각 subplot 에 계절별 상대습도와 기온의 산점도를 plt.plot() 함수에서 선 두께를 0 으로 설정함으로써 그릴 수 있습니다. 또다른 방법은 plt.scatter() 함수를 쓰는 것인데, 이 방법은 NOTE 에서 간단히 소개하도록 하겠습니다. 어떤 함수를 쓰든 동일한 결과를 얻을 수 있습니다.

이후 축과 제목, subplot 배열 특성들을 조정한 후 그림창을 띄우면 그림 3-7 과 같은 그림을 볼 수 있습니다. 모든 계절에서 기온과 상대습도가 대체로 음의 상관관계를 띄고 있지만, 마커(marker)가 넓게 퍼진 것으로 보아 한 변수가 다른 변수에 의해 완전히 결정되지 않고 다른 요인들(ex. 주변 수증기 유입)에도 많이 의존함을 추측할 수 있습니다.

```python
fig, ax = plt.subplots(2, 2, figsize = (6,6))      # 2 행 2 열, 가로 6 인치 세로 6 인치
colors = ["k", "g", "r", "b"]                       # subplot 별 그림 색깔
season_name = ["DJF", "MAM", "JJA", "SON"]     # subplot 별 계절 이름
xticks = np.arange(70, 100+5, 5)                    # x 축 눈금
yticks = np.arange(0, 30+5, 5)                      # y 축 눈금
for i in range(2):
    for j in range(2):
        s = 2*i+j # ax[I,j] subplot 에 나타낼 자료의 계절
        ax[i,j].plot(rhum[season == s,:,:].reshape(-1), air[season == s,:,:].reshape(-1),
color = colors[s], linewidth = 0, marker = 'o', markersize = 2)  # 산점도 그림 (reshape()
함수를 이용해 각 변수를 1 차원으로 만들어 줌)
        ax[i,j].axis((70, 100, 0, 30))
        ax[i,j].set_xlabel("relative humidity (%)", fontsize = 8)
        ax[i,j].set_xticks(xticks)
        ax[i,j].set_xticklabels([str(x) for x in xticks], fontsize = 7)
        ax[i,j].set_ylabel("air temperature (deg C)", fontsize = 8)
        ax[i,j].set_yticks(yticks)
        ax[i,j].set_yticklabels([str(y) for y in yticks], fontsize = 7)
        ax[i,j].set_title(season_name[s], fontsize = 10)
plt.suptitle("RH vs T", fontsize = 12)
plt.subplots_adjust(top = 0.9, bottom = 0.1,
                    left = 0.1, right = 0.9,
                    wspace = 0.4, hspace = 0.4)

plt.show()
```

*예제 3-3-1 에서 사용된 기타 주요 함수들*

| 형식 | | |
|---|---|---|
| np.squeeze( [a], ⋯) | | |
| 매개변수 | 설정하는 특성 | 옵션 |
| [a] | 차원을 압축하려는 배열/행렬 | |

표 3-41. 배열/행렬의 차원을 압축해 주는 np.squeeze() 함수.

| 형식 | | |
|---|---|---|
| np.zeros_like( [prototype], dtype = [dtype], ...) | | |
| 매개변수 | 설정하는 특성 | 옵션 |
| [prototype] | 유사배열(array-like) 객체 | |
| dtype | 자료형 | 파이썬 자료형(ex. int, float, str) 또는 Numpy 자료형(ex. np.int32, np.float64) |

표 3-42. 주어진 유사배열(array-like) 객체와 같은 모양(shape)이며 모든 요소가 0 인 배열을 돌려주는 np.zeros_like() 함수. 유사한 방식으로 np.empty_like()와 np.ones_like()도 사용할 수 있습니다.

한편 산점도를 그리기 위해 예제 코드와 같이 plt.plot() 함수를 쓰는 것 대신 plt.scatter() 함수를 사용할 수도 있습니다. 아래는 plt.scatter() 함수의 간단한 사용법입니다.

| 형식 | | |
|---|---|---|
| plt.scatter( [x], [y], c = [c], marker = [marker], s = [s], ⋯) | | |
| 매개변수 | 설정하는 특성 | 옵션 |
| [x] | 마커(marker)의 x 값 | 1 차원 또는 2 차원 실수 배열/행렬/리스트(list) |
| [y] | 마커(marker)의 y 값 | [x]와 같은 크기의 실수 배열/행렬/리스트(list) |
| c | 마커(marker) 색깔 | Pyplot 에서 인식하는 색깔 이름 문자열 |
| marker | 마커(marker) 종류 | ex. 'o', '+', 'x', ... |

| S | 마커(marker) 크기 | 0 이상의 실수 |

표 3-43. 산점도를 그려 주는 plt.scatter() 함수. Axes.scatter() 함수도 동일.

------------------------------------------------------------------------------------------

### 3-3-2. 범례(legend) 추가하기

서로 다른 그림을 하나의 그림 창 또는 파일에 그렸을 때 그림의 색깔이나 표시 형식을 달리한 뒤, 그림의 한쪽에 범례(legend)를 넣어서 구분할 수 있습니다. 다음 그림 3-8 은 예제 3-3-1 에서 사용한 자료에서 저위도(15°N)와 고위도(75°N) 모든 지역의 겨울철 기온과 상대습도 간의 관계를 하나의 그림창에 나타낸 것입니다. 그림의 범례(legend)를 통해 빨간색 마커(marker)가 저위도, 파란색 마커(marker)가 고위도 자료임을 그림 설명을 보지 않아도 바로 알 수 있습니다.

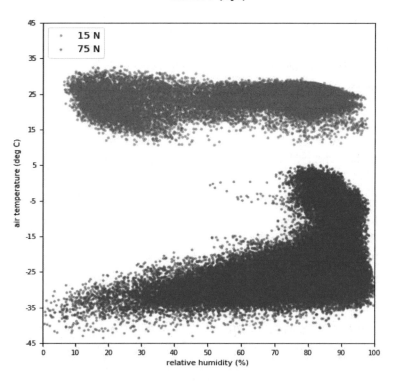

그림 3-8. 2000-2019 년 겨울철 (빨간색) 위도 15°N 및 (파란색) 75°N 지역 기온과 상대습도의 산점도.

위 그림은 예제 3-3-1 에서 사용한 코드를 조금 변경하여 그릴 수 있습니다. 예시 코드는 다음과 같은 순서로 진행됩니다.

---

1) 그림 표출 및 계산에 필요한 패키지를 불러온 후 매개변수들을 정의하기
2) 함수를 정의해 원하는 위도대의 겨울철 기온과 상대습도 자료를 파일로부터 읽기
3) 그림 객체와 패널(axes) 생성 및 그림 보조 변수들(축) 정의
4) 서로 다른 위도대의 기온과 상대습도 산점도를 그린 후 범례(legend) 표시
5) 그림의 세부 설정 조정 후 그림창을 띄워 결과를 표출

---

먼저 필요한 패키지 및 함수를 불러오고, 매개변수를 정의합니다. 다음으로 변수를 읽어 오는 함수를 정의하되, 이 경우 모든 계절이 아닌 겨울철 정보만 읽어 올 수 있도록 시간에 대한 조건을 수정합니다.

```python
import numpy as np
from netCDF4 import Dataset
import matplotlib.pyplot as plt
from datetime import date, timedelta

# 매개변수
startyear = 2000
endyear = 2019
lat1 = 15  # 저위도
lat2 = 75  # 고위도

# 원하는 기간과 지역의 변수를 읽는 함수
def get_var_DJF(varname, latcenter):

    # 읽는 위도, 경도 범위
    minLat = latcenter - 5
    maxLat = latcenter + 5
    minLon = 0
    maxLon = 360

    f = Dataset(varname+".mon.mean.nc", "r")
    lat = np.squeeze( f.variables["lat"][:] )
    lon = np.squeeze( f.variables["lon"][:] )
```

```
ind_lat = np.logical_and(lat >= minLat, lat <= maxLat)
ind_lon = np.logical_and(lon >= minLon, lon <= maxLon)
nlat, nlon = ind_lat.sum(), ind_lon.sum()

time = np.squeeze( f.variables["time"][:] )
time = np.array([date(1800,1,1) + timedelta(hours = x) for x in time])
years = np.array([x.year for x in time])
months = np.array([x.month for x in time])

# 연도와 월에 대한 조건을 모두 만족하는 인덱스(index) 찾기
condition_year = np.logical_and(years >= startyear, years <= endyear)
condition_month = np.logical_or(months <= 2, months == 12)
ind_time = np.logical_and(condition_year, condition_month)

var = np.squeeze( f.variables[varname][ind_time,ind_lat,ind_lon] )
var = var.reshape(-1)
print(np.shape(var))
return(var)

# 자료 읽기
air1 = get_var_DJF("air", lat1)
rhum1 = get_var_DJF("rhum", lat1)
air2 = get_var_DJF("air", lat2)
rhum2 = get_var_DJF("rhum", lat2)

# 자료의 기본적인 정보 체크 (축 범위를 설정하는 데 도움되나, 필수는 아님)
print("======== Min Max Check ========")
print("rhum1 : ", np.min(rhum1), np.max(rhum1), " | air1 : ", np.min(air1),
np.max(air1))
print("rhum2 : ", np.min(rhum2), np.max(rhum2), " | air2 : ", np.min(air2),
np.max(air2))
print("==============================")
```

```
(43200,)
(43200,)
(43200,)
(43200,)
======== Min Max Check ========
rhum1 :   6.387931 97.58871  | air1 :   10.599186 32.89928
rhum2 :   0.5080645 99.83036 | air2 :  -43.519646 5.2417855
==============================
```

다음으로 하나의 그림창에 두 지역의 산점도를 그립니다. 저위도와 고위도 자료를 쉽게 구분할 수 있도록 Axes.plot() 함수에서 서로 다른 색깔을 지정하고, 범례(legend)에 표기될 이름(label)을 설정합니다. 이후, Axes.legend() 함수를 이용해 범례(legend)를 그림 한편에 표시합니다. 만약 패널(axes)을 따로 정의하지 않았다면 plt.legend() 함수를 동일한 방식으로 사용할 수 있습니다.

```python
fig, ax = plt.subplots(1, 1, figsize = (6,6))
xticks = np.arange(0, 100+10, 10)
yticks = np.arange(-45, 45+10, 10)

# 산점도
ax.plot(rhum1, air1, color = 'r', linewidth = 0, marker = 'o', markersize = 2, alpha = 0.3, label = str(lat1)+" N") # 저위도 자료
ax.plot(rhum2, air2, color = 'b', linewidth = 0, marker = 'o', markersize = 2, alpha = 0.3, label = str(lat2)+" N") # 고위도 자료
ax.legend(loc = "upper left", fontsize = 10) # 각 그림에 대한 범례(legend) 표시

ax.axis((70, 100, 0, 30))
ax.set_xlabel("relative humidity (%)", fontsize = 8)
ax.set_xticks(xticks)
ax.set_xticklabels([str(x) for x in xticks], fontsize = 7)
ax.set_ylabel("air temperature (deg C)", fontsize = 8)
ax.set_yticks(yticks)
ax.set_yticklabels([str(y) for y in yticks], fontsize = 7)

plt.suptitle("RH vs T (DJF)", fontsize = 12)
plt.subplots_adjust(top = 0.9, bottom = 0.1,
                    left = 0.1, right = 0.9,
                    wspace = 0.4, hspace = 0.4)

plt.show()
```

코드를 실행하면 그림 3-8 과 같이 저위도와 고위도 자료가 기온에 의해 뚜렷하게 구분되는 모양의 산점도를 얻을 수 있습니다. 범례(Legend)에 대한 더 자세한 내용은 "Legend Guide"[10]를 참조하시기 바랍니다.

---

[10] The Matplotlib development team. (n.d.). Legend guide. Retrieved from https://matplotlib.org/3.2.1/tutorials/intermediate/legend_guide.html

| 형식 | | |
|---|---|---|
| ax.legend( loc = [loc], fontsize = [fs], ⋯) | | |
| 매개변수 | 설정하는 특성 | 옵션 |
| loc | 그림 범례(legend) 위치 | ex. "best": Pyplot 이 생각하는 최적의 자리에 범례(legend) 표시<br>  "upper right": 오른쪽 상단<br>  "lower center": 아래측 중앙<br>  ⋯. |
| fontsize | 그림 범례(legend) 글씨 크기 | 0 이상의 실수 |

표 3-44. 그림에 범례(legend)를 넣는 Axes.legend() 함수. plt.legend() 함수도 동일.

## 3-4. 막대 그래프(Bar chart)

서로 다른 사례나 지역, 실험과 같이 그룹별 변수의 차이를 시각화하기 위한 한 가지 방법으로 막대 그래프를 그릴 수 있습니다. Pyplot 에선 plt.bar() (또는 Axes.bar()) 함수를 통해 이를 그릴 수 있습니다. 추가로 만약 특정 변수의 확률 밀도 함수(probability density function)를 그릴 때 plt.hist() 함수를 통해 히스토그램으로 나타낼 수도 있습니다.

### 3-4-1. 기본적인 막대 그래프

그림 3-8 은 고위도의 상대습도가 저위도에 비해 높은 값 쪽으로 더 많이 몰려 있는 듯한 인상을 줍니다. 그러나 비슷한 위치에 마커(marker)가 중첩되었을 수 있기 때문에 산점도만으로는 이에 대해 확실하게 말하기 어렵습니다.

이런 경우 다음 그림 3-9 와 같이 각 위도 지역의 상대습도의 확률 밀도 함수(probability density function)나 확률 질량 함수(probability mass function)를 표현하면 더 정확한 정보를 얻을 수 있습니다. 그림 3-9 에서 plt.hist() 함수의 density 옵션을 이용해 그린 왼쪽 열(column)의 확률 밀도 함수 그림은 막대의 높이에 구간(bin)의 폭을 곱한, 막대의 면적값이 확률을 의미하기 때문에, 막대의 높이만으로 표현된 오른쪽 확률 질량 함수 그림에 비해 값이 작습니다.

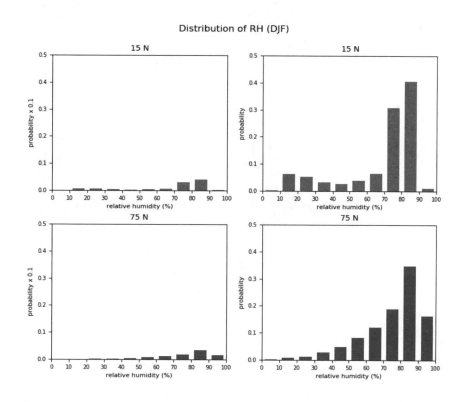

그림 3-9. 2000-2019 년 겨울철 (위) 위도 15°N 과 (아래) 75°N 지역의 상대습도 확률분포.
왼쪽은 plt.hist() 함수의 density 옵션을 사용해 그린 확률 밀도 함수 막대 그래프,
오른쪽은 plt.bar() 함수를 통해 그린 확률 질량 함수 막대 그래프입니다.

한편 동일한 함수를 이용해 누적 분포 함수(cumulative distribution function)를 그릴 수도 있습니다(그림 3-10). 이때는 plt.hist() 함수가 bin 의 폭과 관계없이 실제 빈도 혹은 정규화된 빈도를 그려 줍니다.

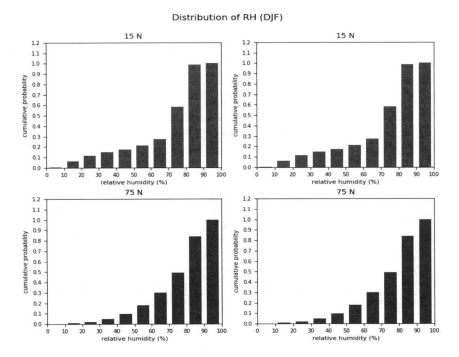

그림 3-10. 그림 3-9 와 동일한 지역과 기간의 자료의 누적 분포 함수.
마찬가지로 왼쪽은 plt.hist(), 오른쪽은 plt.bar() 함수를 통해 그린 결과입니다.

예시로 작성한 코드의 진행 순서는 다음과 같습니다.

1) 그림 표출 및 계산에 필요한 패키지를 불러온 후 매개변수들을 정의하기
2) 함수를 정의해 원하는 위도대의 겨울철 상대습도 자료를 파일로부터 읽기
3) 각 위도대의 상대습도의 확률 질량 함수와 누적 분포 함수 계산
4) 그림 객체 생성 및 그림 보조 변수들(축, 제목, 색깔, …) 정의
5) 각 위도대의 상대습도의 확률 밀도 함수와 확률 질량 함수, 또는 누적 분포 함수를 막대 그래프로 나타내기
6) 그림의 세부 설정 조절 후 그림창을 띄워 결과를 표출

자료는 예제 3-3-1, 3-3-2 에서 사용한 자료와 동일한 자료를 사용했으며, 코드도 예제 3-3-2 의 코드에서 자료를 읽는 함수까지 동일하게 사용할 수 있습니다. 이 부분에 대한 코드는 예제 3-3-2 를 참고하길 바랍니다. 아래에서 확률 밀도 함수를 그릴지 누적 분포 함수를 그릴지에 대한 매개변수 plot_cumulative 는 편의상 그림을 그리는 부분에 정의하였으나 코드의 맨 앞에 이를 정의하여도 상관없습니다.

그리고자 하는 지역의 상대습도를 모두 읽은 후, 편의상 둘을 합쳐 2 차원 Numpy 배열/행렬로 만들어 줍니다.

```python
rhum1 = get_var_DJF("rhum", lat1)
rhum2 = get_var_DJF("rhum", lat2)
rhum = np.vstack((rhum1, rhum2))   # 2 차원 배열/행렬로 합치기
N = np.shape(rhum)[1]      # 위도별 자료 개수
```

상대습도의 범위(0-100%)를 10% 간격으로 나누어 상대습도의 확률 질량 함수 freq 를 np.histogram() 함수를 써서 계산합니다. 또한 누적 분포 함수를 그릴 시 사용할 변수 cumfreq 를 np.cumsum() 함수를 이용해 계산합니다.

```python
# 상대습도의 확률 질량 함수 계산
bins = np.arange(5, 95+10, 10)          # 상대습도 각 구간의 중간값
binedges = np.arange(0, 100+10, 10)      # 상대습도 각 구간의 경계값
freq = np.zeros((2, len(bins)), np.float32)
for i in range(2):   # 저/고위도의 상대습도 확률 질량 함수(전체 개수 N 으로 나눔)
    freq[i,:] = np.histogram(rhum[i,:], binedges, density = False)[0] / N

# 값 체크
print(freq[0,:])
print(freq[1,:])

# 누적 분포 함수 계산
cumfreq = np.cumsum(freq, axis=1)

# 값 체크
print(cumfreq[0,:])
print(cumfreq[1,:])
```

```
[0.0025463  0.06180555 0.05210648 0.0325      0.0250463  0.03768519
 0.06495371 0.30641204 0.4065509  0.01039352]
[0.00219907 0.00710648 0.01236111 0.02805556 0.04789352 0.08173611
 0.12138889 0.18962963 0.3476852  0.16194445]
[0.0025463  0.06435185 0.11645833 0.14895833 0.17400461 0.2116898
 0.2766435  0.58305556 0.9896065  1.         ]
[0.00219907 0.00930556 0.02166667 0.04972222 0.09761574 0.17935185
 0.30074075 0.4903704  0.8380556  1.         ]
```

이제 2x2 subplot 으로 구성된 그림을 그립니다. 이때 누적 분포 함수를 그릴지, 확률 밀도 함수를 그릴지 결정짓는 매개변수를 정의해 줍니다. 이 매개변수의 값에 따라 출력되는 결과와 그려지는 그림이 달라집니다. 그림의 왼쪽엔 plt.hist() 함수의 density 옵션을 이용해 확률 밀도 함수를 그리고, 오른쪽엔 plt.bar() 함수를 이용해 미리 계산한 확률 질량 함수를 그리도록 하였습니다. 이후 축 설정, 제목, subplot 배열 등을 세부 조정한 뒤 그림창을 띄우면 그림 3-9 또는 그림 3-10 과 같은 결과를 얻을 수 있습니다.

```python
plot_cumulative = False  # True 일 땐 누적 분포 함수를, False 일 땐 확률 밀도 함수를 그림
fig = plt.figure(figsize = (8,7))
titles = [str(lat1)+" N", str(lat2)+" N"]
colors = ["r", "b"]
xticks = np.arange(0, 100+10, 10)
if plot_cumulative:
   yticks = np.arange(0, 1.1+0.1, 0.1)
else:
   yticks = np.arange(0, 0.5+0.1, 0.1)
for i in range(2):
   for j in range(2):
      fig.add_subplot(2, 2, 2*i+j+1)
      if j == 0:
         histogram = plt.hist(rhum[i,:], xticks, density = True, align = "mid", orientation = "vertical", rwidth = 0.7, color = colors[i], cumulative = plot_cumulative)  # 왼쪽엔 상대습도 자료의 확률 밀도 함수 또는 누적 분포 함수를 막대 그래프로 나타냄
         print(histogram[0])  # 히스토그램 막대 높이 출력(확률 밀도 함수를 그리는 경우 freq 의 1/10 임을 확인할 수 있음)
      else:
         if plot_cumulative:
            plt.bar(bins, cumfreq[i,:], width = 7, align = "center", color = colors[i])  # 오른쪽엔 상대습도 자료의 누적 분포 함수(cumfreq)를 막대 그래프로 나타냄
         else:
```

164

```
        plt.bar(bins, freq[i,:], width = 7, align = "center", color = colors[i])  # 상대습도
자료의 확률 질량 함수 freq 를 막대 그래프로 나타냄

        if plot_cumulative:
            plt.axis((0, 100, 0, 1.2))
        else:
            plt.axis((0, 100, 0, 0.5))

        plt.xlabel("relative humidity (%)", fontsize = 8)
        plt.xticks(xticks, label = [str(x) for x in xticks], fontsize = 7)
        if j == 0:
            if plot_cumulative:
                plt.ylabel("cumulative probability", fontsize = 8)  # 히스토그램의 y 축 이름
            else:
                plt.ylabel("probability x 0.1", fontsize = 8)
        else:
            if plot_cumulative:
                plt.ylabel("cumulative probability", fontsize = 8)  # 막대 그래프의 y 축 이름
            else:
                plt.ylabel("probability", fontsize = 8)
        plt.yticks(yticks, label = [str(y) for y in yticks], fontsize = 7)
        plt.title(titles[i], fontsize = 10)

plt.suptitle("Distribution of RH (DJF)", fontsize = 12)
plt.subplots_adjust(top = 0.9, bottom = 0.1,
                    left = 0.1, right = 0.95,
                    wspace = 0.2, hspace = 0.25)

plt.show()
```

확률 밀도 함수/확률 질량 함수를 그린 경우의 출력값은 다음과 같습니다.

```
[0.00025463 0.00618056 0.00521065 0.00325    0.00250463 0.00376852
 0.00649537 0.0306412  0.04065509 0.00103935]
[0.00021991 0.00071065 0.00123611 0.00280556 0.00478935 0.00817361
 0.01213889 0.01896296 0.03476852 0.01619444]
```

누적 분포 함수를 그린 경우의 출력값은 다음과 같습니다.

```
[0.0025463  0.06435185 0.11645833 0.14895833 0.17400463 0.21168981
 0.27664352 0.58305556 0.98960648 1.        ]
[0.00219907 0.00930556 0.02166667 0.04972222 0.09761574 0.17935185
 0.30074074 0.49037037 0.83805556 1.        ]
```

| 형식 |
| --- |
| plt.hist( [x], bins = [bins]. density = [density], align = [align], orientation = [or], rwidth = [rw], color = [c], histtype = [histtype], cumulative = [cumulative], ···) |

| 매개변수 | 설정하는 특성 | 옵션 |
| --- | --- | --- |
| [x] | 확률분포를 그릴 변수 | 실수 배열/리스트(list) 또는 실수 배열/리스트(list)들(차원이 달라도 됨)의 배열/리스트(list) |
| bins | 구간 개수 또는 구간의 경계값 배열/리스트(list) | - 구간 개수인 경우: 자연수<br>- 구간 경계값 배열/리스트(list)인 경우: 단조증가하는 1 차원 실수 배열/리스트(list) |
| density | 확률 밀도 함수를 그릴지에 대한 여부 | - True: 구간별 확률 밀도 함수를 막대로 표현(i.e. 막대의 넓이의 합 = 1)<br>- False: 구간별 사례 개수를 막대로 표현 |
| align | 막대 중심의 구간 내 위치 | - left: 구간 왼쪽 끝에 막대 중심을 배치<br>- mid: 구간 중앙에 막대 중심을 배치<br>- right: 구간 오른쪽 끝에 막대 중심을 배치 |
| orientation | 막대 방향 | - horizontal: 수평 히스토그램<br>- vertical: 수직 히스토그램 |
| Z | 구간 폭 대비 막대 폭의 비율 | 0-1 범위의 실수 |

| color | 막대 색깔 | Pyplot 에서 인식하는 색깔 이름 문자열 |
|---|---|---|
| histtype | 히스토그램 종류 | ex. 'step': 계단 그래프<br>　　'bar': 막대 그래프<br>　　… |
| cumulative | 누적분포를 그릴 것인지에 대한 여부 | 참/거짓 |

표 3-45. 히스토그램을 그려 주는 plt.histogram() 함수. Axes.histogram() 함수도 동일.

| 형식 | | |
|---|---|---|
| plt.bar( [x], [height], width = [w], align = [align], color = [c], …) | | |
| 매개변수 | 설정하는 특성 | 옵션 |
| [x] | 막대의 x 축 위치 | 1 차원 실수 배열/리스트(list) |
| height | 막대의 높이 | [x]와 같은 모양의 실수 배열/리스트(list) |
| width | 막대의 폭 | 실수 |
| align | [x] 값에 위치시킬 막대의 요소 | - center: 막대 중심이 [x] 값에 위치<br>- edge: 막대 왼쪽 끝이 [x] 값에 위치<br>(막대 오른쪽 끝을 [x] 값에 위치시킬 때는 width < 0, align = 'edge'로 설정) |
| color | 막대 색깔 | Pyplot 에서 인식하는 색깔 이름 문자열 |

표 3-46. 막대 그래프를 그려주는 plt.bar() 함수. Axes.bar() 함수도 동일.

*예제 3-4-1 에서 사용된 기타 유용한 함수들*

| 형식 | | |
|---|---|---|
| np.vstack( [tup] ) | | |
| 매개변수 | 설정하는 특성 | 옵션 |
| [tup] | 연직으로(vertically) 쌓으려는 배열의 tuple | tuple 의 원소들은 0 번째 차원을 제외한 나머지 차원은 동일한 배열/행렬이어야 함 |

표 3-47. 배열/행렬을 연직으로 쌓아 주는 np.vstack() 함수. 참고: np.hstack(), np.concatenate()

| 형식 | | |
|---|---|---|
| np.histogram( [a], bins = [bins], density = [density], ··· ) | | |
| 매개변수 | 설정하는 특성 | 옵션 |
| [a] | 히스토그램을 계산할 자료 | 실수 배열/리스트/행렬 |
| bins | 히스토그램 구간(bin) 또는 구간 개수 | - 구간 개수인 경우: 자연수<br>- 구간인 경우: 단조증가하는 1 차원 배열/리스트 |
| density | 확률 밀도 함수를 구할지 여부 | 참/거짓(거짓인 경우 각 구간 내 들어가는 자료의 개수를 계산함) |

표 3-48. 주어진 자료의 히스토그램을 계산하는 np.histogram() 함수.

| 형식 | | |
|---|---|---|
| np.cumsum( [a], axis = [axis], ··· ) | | |
| 매개변수 | 설정하는 특성 | 옵션 |
| [a] | 누적합을 구할 열/행렬/리스트 | 실수 배열/리스트/행렬 |
| axis | 누적합을 구할 방향 | 정수 |

표 3-49. 배열/행렬의 누적합을 구하는 np.cumsum() 함수.

### 3-4-2. 그룹 형태의 막대 그래프

구간(bin)이 동일한 여러 그룹의 막대 그래프를 그릴 땐, 그림 3-9, 3-10 과 같이 별개의 subplot 으로 나타내는 방법도 있지만, 그림 3-11 과 같이 하나의 그래프로도 나타낼 수도 있습니다. 그림 3-9, 3-10 과 마찬가지로 그림 3-11 의 왼쪽은 확률 밀도 함수, 오른쪽은 확률 질량 함수 막대 그래프이지만, 그래프 설정을 적절히 조절해 두 그래프는 제목과 y 축 이름을 제외하면 동일한 그림이 되도록 만들었습니다.

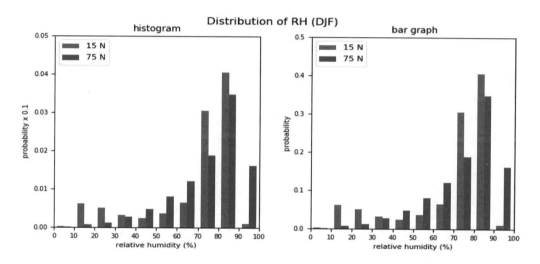

그림 3-11. 2000-2019 년 겨울철(빨간색) 위도 15°N 및(파란색) 75°N 지역의 상대습도 확률분포.
왼쪽은 확률 밀도 함수, 오른쪽은 확률 질량 함수 막대 그래프입니다.

예시 코드는 다음과 같은 순서로 구성되어 있습니다.

1) 그림 표출 및 계산에 필요한 패키지를 불러온 후 매개변수들을 정의하기
2) 함수를 정의해 원하는 위도대의 겨울철 상대습도 자료를 파일로부터 읽기
3) 각 위도대의 상대습도의 확률 질량 함수와 누적 분포 함수 계산
4) 그림 객체 생성 및 그림 보조 변수들(축, 제목, 색깔, …) 정의
5) 각 위도대의 상대습도의 확률 밀도 함수 또는 확률 질량 함수 막대 그래프를 나란히 붙여서 배치하기
6) 그림의 세부 설정 조절 후 그림창을 띄워 결과를 표출

예제 3-3-1, 3-3-2, 3-4-1 과 동일한 자료를 사용했으며, 코드 역시 예제 3-4-1 에서 그림 그리는 부분만 수정하였습니다. 그림 그리는 부분에 대한 아래 예시 코드는 예제 3-4-1 과 달리 plt.hist() 함수에서 rhum 변수의 0, 1 번째 자료를 분리하지 않고 rhum 을 전치(transpose)시켜서 입력했는데, 그림 3-11 왼쪽 그림에서 볼 수 있듯이 plt.hist() 함수가 자동으로 두 자료에 대한 막대 그래프를 나란히 붙여서 그려 줍니다. 반면 그림 3-11 의 오른쪽 그림을 그린 plt.bar() 함수는 동시에 2 개 이상의 그룹형 막대 그래프를 그려 주지 못 하기 때문에 각각 그려 줘야 하며, 이 때 막대 그래프가 서로 겹치지 않도록 막대의 x 축 위치를 변수마다 다르게 대입해야 합니다. 대신 plt.bar() 함수를 쓸 경우 막대의 폭이나 위치 등을 더 자유롭게 바꿀 수 있습니다.

```python
fig = plt.figure(figsize = (8,4))
titles = ["histogram", "bar graph"]  # subplot 제목
colors = ["r", "b"]
labels = [str(lat1)+" N", str(lat2)+" N"]  # 그래프 범례(legend)
xticks = np.arange(0, 100+10, 10)
yticks = np.arange(0, 0.5+0.1, 0.1)
for i in range(2):
    fig.add_subplot(1, 2, i+1)

    if i == 0:
        plt.hist(rhum.T, xticks, density = True, rwidth = 0.7, align = "mid", orientation =
"vertical", color = colors, label = labels)   # 왼쪽 subplot 에 확률 밀도 함수를
나타냄(한꺼번에 그리기)

        plt.ylabel("probability x 0.1", fontsize = 8)  # y 축 이름
        plt.axis((0, 100, 0, 0.05))  # 막대 그래프 높이에 맞춰 y 축 범위 조절
        plt.yticks(yticks/10, label = [str(y) for y in yticks/10], fontsize = 7)  # 막대 그래프
높이에 맞춰 y 축 눈금 조절
    else:
        for j in range(2):
            plt.bar(bins+3.5*(j-0.5), freq[j,:], width = 3.5, align = "center", color = colors[j],
label = labels[j])  # 오른쪽 subplot 에 확률 질량 함수를 나타냄

        plt.ylabel("probability", fontsize = 8)
        plt.axis((0, 100, 0, 0.5))
        plt.yticks(yticks, label = [str(y) for y in yticks], fontsize = 7)
```

```
    plt.legend(loc = "upper left", fontsize = 9)  # 막대 범례(legend) 왼쪽 상단에 넣기
    plt.xlabel("relative humidity (%)", fontsize = 8)
    plt.xticks(xticks, label = [str(x) for x in xticks], fontsize = 7)
    plt.title(titles[i], fontsize = 10)

plt.suptitle("Distribution of RH (DJF)", fontsize = 12)
plt.subplots_adjust(top = 0.9, bottom = 0.1,
                    left = 0.1, right = 0.95,
                    wspace = 0.25, hspace = 0)

plt.show()
```

## 3-5. 등고선(Contour)

2 차원 자료의 분포를 등고선을 이용해 그리고 더하여 등고선 사이 색을 채워 나타내는 그림들은 아마도 논문이나 인터넷 사이트 등 실생활에서 가장 자주 볼 수 있는 그림들 중 하나일 것입니다. 이번 장에선 몇 가지 예제들을 통해 파이썬에서 표현할 수 있는 등고선 그림과 그리는 방법에 대해 간단하게 소개하려고 합니다.

### 3-5-1. 기본 등고선 그림

먼저 간단하게 등고선만을 그린 그림을 그려 보겠습니다. 아래 코드를 실행하면 다음과 같이 왼쪽엔 Pyplot 기본 설정 그림을, 오른쪽엔 등고선의 색깔, 값, 두께 등 여러 설정을 조절해 준 그림을 얻을 수 있습니다.

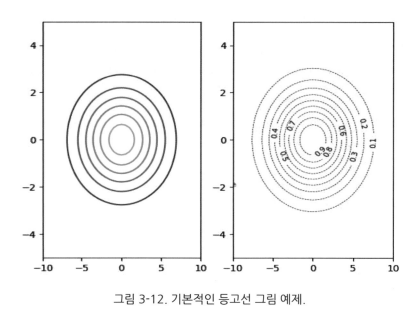

그림 3-12. 기본적인 등고선 그림 예제.

예시 코드는 다음과 같이 간단하게 구성되어 있습니다.

1) 필요한 패키지 불러오기
2) 매개변수 정의 및 자료 생성
3) 그림 객체 생성
4) 등고선 그림 그리기
5) 그림 세부 설정 조절 후 그림창을 띄워 결과 확인

```python
import numpy as np
import matplotlib.pyplot as plt

# 자료 생성/준비
a = 5
b = 2
xcenter = 2
ycenter = 1
x = np.arange(-10, 10+0.5, 0.5)
y = np.arange(-5, 5+0.1, 0.1)

x2d, y2d = np.meshgrid(x, y)  # 2 차원 격자 만들기
z = np.exp(-( (x2d / a)**2 + (y2d / b)**2 ))  # 2 차원 자료 만들기
```

```
# 그림 생성
fig = plt.figure()
fig.add_subplot(121)
plt.contour(x2d, y2d, z)  # 기본 등고선
fig.add_subplot(122)
contour_levels = np.arange(0, 1+0.1, 0.1) # 등고선 값
contour = plt.contour(x2d, y2d, z, contour_levels, colors = 'k', linewidths = 0.5,
linestyles = '--')  # 등고선 값, 색, 두께, 선 스타일을 조절한 등고선
plt.clabel(contour, inline = True, fontsize = 8, fmt = '%.1f') # 등고선 라벨 표시
plt.show()
```

| 형식 | | |
|---|---|---|
| plt.contour( [X], [Y], [Z], [levels], colors = [c], linewidths = [lw], linestyles = [ls], cmap = [cmap], …) | | |
| 매개변수 | 설정하는 특성 | 옵션 |
| [X] | 자료의 x 값 | [Z]와 같은 크기의 2 차원 실수 행렬 또는 [Z]의 열 개수와 같은 길이의 1 차원 실수 배열 |
| [Y] | 자료의 y 값 | [Z]와 같은 크기의 2 차원 실수 행렬 또는 [Z]의 행 개수와 같은 길이의 1 차원 실수 배열 |
| [Z] | 2 차원 자료 | [X]와 같은 크기의 2 차원 실수 행렬 |
| levels | 등고선 값 | 1 차원 실수 배열 |
| colors | 등고선 색 | Pyplot 에서 인식하는 색 이름 또는 RGB 튜플 |
| linewidths | 등고선 두께 | 0 이상의 실수 (0 인 경우 등고선이 나타나지 않음) |
| linestyles | 등고선 스타일 | 선 스타일의 이름 또는 글자로 표현한 스타일 |
| cmap | 등고선 색지도(colormap) | Pyplot 에서 인식하는 색지도(colormap) 이름 |

표 3-50. 등고선 그림을 그리는 plt.contour() 함수. Axes.contour() 함수도 동일.

| 형식 | | |
|---|---|---|
| plt.clabel( [cs], [levels], fontsize = [fs], inline = [inline], fmt = [fmt], ⋯) | | |
| 매개변수 | 설정하는 특성 | 옵션 |
| [cs] | contour 그림 | |
| [levels] | 라벨을 넣을 등고선 값 | 실수 배열 |
| fontsize | 라벨 글씨 크기 | 0 이상의 실수 |
| inline | 라벨을 등고선 중간에 넣을 것인가에 대한 여부 | 참/거짓 |
| fmt | 라벨 표시 형식 | ex. "%.4f": 소수점 아래 넷째 자리까지 표시 |

표 3-51. 등고선 라벨을 넣는 plt.clabel() 함수. Axes.clabel() 함수도 동일.


## 3-5-2. 등고선 색 채우기(Shading)

때때로 등고선 사이에 색을 채우면 그림을 돋보이게 만들거나 다른 등고선들을 겹쳐 그릴 수 있게 됩니다. 예시로 Walsh(2014)[11]에 있는 그림 중 간단한 그림인 그림 2(다음 그림 3-13)를 그림 3-14 와 같이 재현해 보겠습니다. 기후값과 색지도(colormap) 등의 차이로 원본과 조금 다른 점이 있지만 전반적으로 비슷한 그림을 그릴 수 있습니다.

---

[11] Walsh, J. (2014). Arctic-lower latitude coupling: What is the forcing and what is the response?. *US CLIVAR Variations, 12*(3). 1-5. Retrieved from https://usclivar.org/sites/default/files/documents/2014/2014Variations12-3_0.pdf

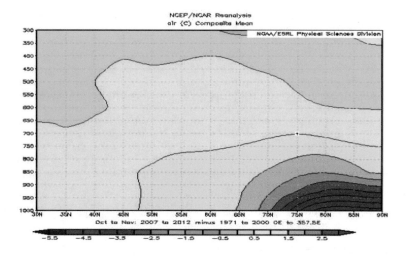

그림 3-13. 2007-2012 년 10-11 월 위도 평균 기온 anomaly.
기후값은 1971-2000 년 평균 기온값이 사용되었습니다(Walsh(2014)에서 가져옴).

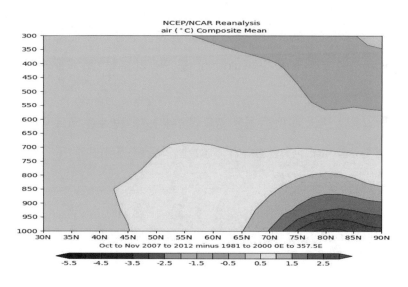

그림 3-14. 그림 3-13 을 재현한 그림.

먼저 그림을 그리기 위해 필요한 자료를 다운로드합니다. 아래 예제에선 NCEP/NCAR 기관의 1948-2019 년 월평균 온도(Air temperature, Monthly long term means)와 1981-2010 년 월평균 온도(Air temperature, Monthly means) 재분석 자료(Kalnay et al., 1996) [12] 를 사용했습니다. 자료는

---

[12] Kalnay et al.,The NCEP/NCAR 40-year reanalysis project, *Bull. Amer. Meteor. Soc.*, 77, 437-470, 1996. *https://doi.org/10.1175/1520-0477(1996)077<0437:TNYRP>2.0.CO;2*

NOAA/OAR/ESRL PSL, Boulder, CO, USA 에서 제공하였으며 해당 웹사이트 (https://psl.noaa.gov/)[13] 에서 다운로드할 수 있습니다.

자료를 다운로드해서 기본적인 정보를 파악했다면, 아래 순서로 파이썬 코드를 작성해 그림을 그려 보겠습니다.

---

1) 필요한 패키지 불러오기 및 매개변수 정의
2) 파일로부터 원하는 시간 및 압력 범위의 기온 자료와 기온 기후값 자료를 읽어 기온 anomaly 계산
3) 색지도(colormap) 새로 정의하기
4) 그림 객체 및 패널(axes) 생성 후 기온 anomaly 에 대한 등고선 및 shading 그림 그리기
5) 그림 세부 설정 조절 후 파일로 그림을 저장

---

그림을 그리기 위해 우선 필요한 패키지를 불러옵니다. Numpy, Pyplot 패키지 외에도 netCDF4 파일을 읽기 위해 netCDF4 패키지의 Dataset() 함수, 연/월/일 시간 생성을 위해 필요한 datetime 모듈의 date(), timedelta() 함수 그리고 색지도(colormap)를 만들기 위해 cm 모듈과 ListedColormap() 함수를 사용했습니다.

그다음 코드에서 사용할 주요 매개변수들을 정의했습니다. 매개변수를 코드 앞 또는 특정 부분에 따로 정의해 두면 설정을 바꾼 비슷한 종류의 그림들을 그릴 때 편리합니다.

```
import numpy as np
from netCDF4 import Dataset
import matplotlib.pyplot as plt
from datetime import date, timedelta
from matplotlib import cm
from matplotlib.colors import ListedColormap

# 매개변수들
minLat = 30   # 위도 최솟값
maxLat = 90   # 위도 최댓값
minp = 300    # 압력 최솟값
```

---

[13] PSL. (n.d.). *NCEP/NCAR Reanalysis Monthly Means and Other Derived Variables: Pressure Level*. Retrieved from https://psl.noaa.gov/data/gridded/data.ncep.reanalysis.derived.pressure.html

```
maxp = 1000 # 압력 최댓값
```

그다음 netCDF4.Dataset()를 이용해 netCDF4 파일을 읽고 안에 있는 변수들을 가져와 원하는
위도와 압력 범위로 자료를 제한합니다.

```
f = Dataset("air.mon.ltm.nc", "r")        # netCDF4 파일 읽기
level = np.squeeze( f.variables["level"][:] )   # 파일 내 level 변수를 읽어 압축된 Numpy
배열/행렬로 만들기
lat = np.squeeze( f.variables["lat"][:] )

# 원하는 위도, 압력 범위의 인덱스(index)를 찾아 각 변수들을 해당 범위에서의 값으로 만들기
index_lat = np.logical_and(lat >= minLat, lat <= maxLat)
index_level = np.logical_and(level >= minp, level <= maxp)
lat = lat[index_lat]
level = level[index_level]

# 원하는 위도, 압력 범위의 10-11 월 기온 기후값 읽기
airclim = np.squeeze( f.variables["air"][9:10+1, index_level, index_lat, :] )
airclim = np.mean(airclim, axis=(0, 3))  # 0 번째 차원(10-11 월) & 3 번째 차원(경도) 평균
```

비슷하게 2007-2012 년 기온 값을 air.mon.mean.nc 파일로부터 읽어 옵니다. 시간 범위를 제한해
주기 위해 time 변수를 읽고 datetime.date, datetime.timedelta 를 사용해 연/월/일로 바꿔 줍니다.
읽어 온 기온 기후값과 기온 자료를 바탕으로 2007-2012 년 10-11 월 평균 기온의 anomaly 값을
계산할 수 있습니다.

```
f = Dataset("air.mon.mean.nc", "r")
time = np.squeeze( f.variables["time"][:] )

time = np.array([date(1800,1,1) + timedelta(hours = x) for x in time]) # time 변수의 값을
연/월/일 형식으로 바꾸기
years = np.array([x.year for x in time])      # 각 time 변수 값에 해당하는 연도
months = np.array([x.month for x in time])   # 각 time 변수 값에 해당하는 월

# 2007-2012 년, 10-11 월에 해당하는 인덱스(index)만 뽑아내기
```

```python
index_time = np.logical_and.reduce((years >= 2007, years <= 2012, months >= 10, months <= 11))
print(time[index_time]) # 결과를 출력하여 확인

# 원하는 시간, 압력, 위도 범위의 기온 읽기
air = np.squeeze( f.variables["air"][index_time, index_level, index_lat, :] )
air = np.mean(air, axis=(0,3))

# 기온 anomaly
air_anom = air - airclim
```

```
[datetime.date(2007, 10, 1) datetime.date(2007, 11, 1)
 datetime.date(2008, 10, 1) datetime.date(2008, 11, 1)
 datetime.date(2009, 10, 1) datetime.date(2009, 11, 1)
 datetime.date(2010, 10, 1) datetime.date(2010, 11, 1)
 datetime.date(2011, 10, 1) datetime.date(2011, 11, 1)
 datetime.date(2012, 10, 1) datetime.date(2012, 11, 1)]
```

그림을 그리기 전, 마지막으로 새로운 색지도(colormap)를 만듭니다. 아래 예시 코드에선 cm.get_cmap() 함수를 통해 여러 색지도(colormap)들을 불러온 후, 서로 다른 색지도(colormap) 객체들을 이어서 하나의 색지도(colormap)로 만드는 colors.ListedColormap() 함수를 사용했습니다. 이 함수들에 대한 좀 더 자세한 설명은 이 절 끝의 NOTE 에서 볼 수 있습니다.

```python
cmap1 = cm.get_cmap("gist_rainbow", 100)  # 색지도(colormap) gist_rainbow 불러오기
cmap1 = cmap1(np.arange(100))             # 배열/행렬 형태로 만들기
cmap1 = cmap1[::-1][10:]                   # 배열 순서를 뒤집고 앞부분 잘라 내기; 처음부터
"gist_rainbow_r"을 불러와도 됩니다.
bluegreen = cmap1[15:40]                   # 파랑~초록
yellowred = cmap1[55:90]                   # 노랑~빨강

cmap2 = cm.get_cmap("magma", 100)
cmap2 = cmap2(np.arange(100))
magenta = cmap2[20:40]          # 자홍색

cmap_stack = np.vstack((magenta, bluegreen, yellowred))
new_cmap = ListedColormap(cmap_stack, name = "new_rainbow")
```

이제 그림을 그리고 필요한 그림 특성들을 설정한 후, 마지막으로 그려진 그림을 파일로 저장합니다. 다음 코드에선 plt.subplots() 함수를 통해 그림 객체와 패널을 생성한 후 Axes.contour(), Axes.contourf() 함수를 통해 등고선과 shading 그림을 각각 그렸으나, plt.contour(), plt.contourf() 으로도 동일한 기능을 할 수 있습니다.

```python
fig, ax = plt.subplots(1,1, figsize = (7,7))

# 등고선 & shading 그림
contour_levels = np.arange(-5.5, 3+0.5, 0.5)
image = ax.contourf(lat, level, air_anom, contour_levels, cmap = new_cmap, extend =
'both')  # shading
ax.contour(lat, level, air_anom, contour_levels, colors = 'k', linewidths = 0.5)  # 등고선
그림

# 축 설정
ax.invert_yaxis()  # y 축(압력) 순서 뒤집기
lat_ticks = np.arange(30, 90+5, 5)  # x 축(위도) 눈금
level_ticks = np.arange(300, 1000+50, 50)  # y 축(압력) 눈금
ax.set_xticks(lat_ticks)
ax.set_yticks(level_ticks)
ax.set_xticklabels([str(x)+'N' for x in lat_ticks])
ax.set_yticklabels([str(x) for x in level_ticks])

ax.set_title("NCEP/NCAR Reanalysis \n air ($^\circ$C) Composite Mean", fontsize = 10)
ax.text(minLat+10, maxp+60, "Oct to Nov 2007 to 2012 minus 1981 to 2000 0E to
357.5E", fontsize = 9)

# 컬러바 설정
caxes = fig.add_axes([0.13, 0.1, 0.7, 0.02])  # 컬러바 위치
cbar = plt.colorbar(image, orientation = 'horizontal', ticks = contour_levels, cax = caxes)
# 수평 컬러바 넣기
cbar.ax.tick_params(direction = "in", length = 10)  # 컬러바 눈금 방향 & 길이 조절
cbar_levels = np.array([str(x) for x in contour_levels])  # 컬러바 눈금 값
cbar_levels[1::2] = ""  # 1, 3, 5, … 번째 눈금은 표시하지 않음
cbar.ax.set_xticklabels(cbar_levels)

# subplot 배열 조절
plt.subplots_adjust(top = 0.9, bottom = 0.2,
```

```
                    left = 0.1, right = 0.9,
                    wspace = 0.1, hspace = 0.1)

# 그림 파일로 저장
filename_figure = "Tanom_vertical_cross_section.png"
plt.savefig(filename_figure)
```

| 형식 | | |
|---|---|---|
| ax.contourf( [X], [Y], [Z], [levels], cmap = [cmap], extend = [extend], alpha = [alpha], ⋯) | | |
| 매개변수 | 설정하는 특성 | 옵션 |
| [X] | 자료의 x 값 | [Z]와 같은 크기의 2 차원 실수 행렬 또는 [Z]의 열 개수와 같은 길이의 1 차원 실수 배열 |
| [Y] | 자료의 y 값 | [Z]와 같은 크기의 2 차원 실수 행렬 또는 [Z]의 행 개수와 같은 길이의 1 차원 실수 배열 |
| [Z] | 2 차원 자료 | [X]와 같은 크기의 2 차원 실수 행렬 |
| levels | 등고선 값 | 1 차원 실수 배열 |
| cmap | shading 색지도(colormap) | Pyplot 에서 인식하는 색지도(colormap) 이름 문자열 |
| extend | 등고선 값 밖의 범위의 shading 여부 | 'neither': 등고선 값 범위 밖 shading 없음 'both': 등고선 값 범위 밖에도 모두 shading 있음 'min': 등고선 값의 최솟값 미만에만 shading 있음 'max': 등고선 값의 최댓값 초과에도 shading 있음 |
| alpha | 투명도 | 0-1 범위의 실수 |

표 3-52. 등고선 사이를 채워 넣는 Axes.contourf() 함수. plt.contourf() 함수도 동일.

*예제 3-5-2 에서 사용된 기타 유용한 함수들*

| 형식 | | |
|---|---|---|
| cm.get_cmap( [name], [lut] ) | | |
| 매개변수 | 설정하는 특성 | 옵션 |
| name | 불러오려는 색지도(colormap) 이름 | Pyplot 에서 인식하는 색지도(colormap) 이름 문자열 |
| lut | 색지도(colormap) 길이 | None 또는 자연수 |

표 3-53. 색지도(colormap)를 불러오는 cm.get_cmap() 함수.

| 형식 | | |
|---|---|---|
| ListedColormap( [colors], name = [name], N = [N] ) | | |
| 매개변수 | 설정하는 특성 | 옵션 |
| colors | 색지도(colormap) 리스트(list) 또는 RGB, RGBA 값 행렬 | RGB 행렬일 경우 Nx3 차원의 행렬 RGBA 행렬일 경우 Nx4 차원의 행렬 |
| name | 색지도(colormap) 이름 | 문자열 |
| N | 색지도(colormap) 길이 | None 또는 자연수 |

표 3-54. 색지도(colormap) 리스트(list) 또는 RGB(A) 행렬을 바탕으로
색지도(colormap)를 만드는 colors.ListedColormap() 함수.

| 형식 | | |
|---|---|---|
| fig.add_axes( [rect], ··· ) | | |
| 매개변수 | 설정하는 특성 | 옵션 |
| rect | 그림 창 내 추가하려는 그림 요소의 범위 | [ [left], [bottom], [width], [height] ] - [left]: 그림 요소의 왼쪽 위치(0-1 사이 실수) |

| | | - [bottom]: 그림 요소의 아래 위치(0-1 사이 실수) |
| | | - [width]: 그림 요소의 가로 길이(0-1 사이 실수) |
| | | - [height]: 그림 요소의 세로 길이(0-1 사이 실수) |

표 3-55. 그림 객체(figure)에 패널(axes)를 추가하는 Figure.add_axes() 함수.

| 형식 |
| --- |
| plt.colorbar( [mappable], cax = [cax], orientation = [orientation], ticks = [ticks], format = [format]., drawedges = [drawedges], ⋯)<br>또는<br>fig.colorbar( [mappable], cax = [cax], orientation = [orientation], ticks = [ticks], format = [format], drawedges = [drawedges], ⋯) |

| 매개변수 | 설정하는 특성 | 옵션 |
| --- | --- | --- |
| mappable | 컬러바를 그리려는 그림 | |
| cax | 컬러바 위치 및 범위를 나타내는 배열 | [ [left], [bottom], [width], [height] ] |
| orientation | 컬러바 방향 | 'vertical': 연직 방향<br>'horizontal': 수평 방향 |
| ticks | 컬러바 눈금 위치 | 1 차원 실수 배열 |
| format | 컬러바 눈금 값 표시 방식 | ex. "%.2f"(소수점 아래 2 자리까지 나타냄), ⋯ |
| drawedges | 컬러바 테두리를 그릴지에 대한 여부 | 참/거짓 |
| extend | 컬러바의 양쪽 끝부분에 삼각형 모양 추가할지 설정 | 문자열: ['neither' | 'both' | 'min' | 'max' ] |

표 3-56. 컬러바를 그리는 plt.colorbar() 함수.

*색칠된 격자 형태의 그림을 그리는 방법*

많은 경우 우리는 유한한 개수의 격자 형태 자료를 다루며 그에 관한 그림을 그립니다. 이때 plt.contourf()를 사용하면 자동으로 격자 사이의 값들을 내삽해서 격자와 격자 사이의 색깔이 부드럽게 이어질 수 있도록 해 줍니다. 하지만 때때로 격자로 둘러싸인 상자 하나 하나에 색을 부여해 그려야 하는 경우도 있습니다. 이 경우 사용할 수 있는 함수로는 plt.pcolor(), plt.pcolormesh(), plt.pcolorfast(), plt.imshow() 함수 등이 있습니다.

아래 그림과 예제 코드를 통해 이 4 가지 함수의 활용법과 결과를 파악할 수 있을 것입니다. 예제 코드의 대략적인 구성과 순서는 그림 아래 설명란에, 각 함수에 대한 설명은 코드 뒤의 표에 간단하게 적어 놓았습니다(코드에선 Axes 의 함수들을 썼으나, Pyplot 의 함수들과 동일하게 사용 가능하기 때문에 Pyplot 함수들에 대한 설명을 적었습니다).

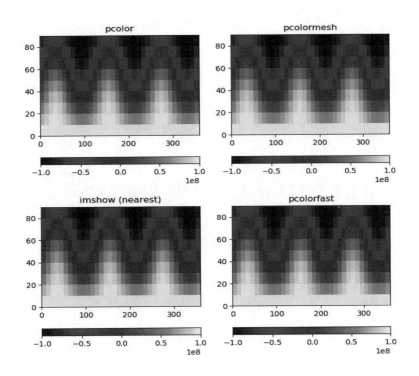

그림 3-15. (왼쪽 위) plt.pcolor(), (오른쪽 위) plt.pcolormesh(),
(왼쪽 아래) plt.imshow(), (오른쪽 아래) Axes.pcolorfast() 함수를 통해 그린 그림 예시.

1) 필요한 패키지 불러오기
2) 매개변수 정의 및 자료 생성
3) 그림 객체 및 패널(axes) 생성
4) 서로 다른 함수들을 이용해 자료의 등고선 및 shading 그림 그리기
5) 그림창을 띄워 결과 그림을 표출

```python
import numpy as np
import matplotlib.pyplot as plt

# 매개변수
dx = 10.
dy = 10.
x = np.arange(0, 360+dx, dx)
y = np.arange(0, 90+dy, dy)
x2d, y2d = np.meshgrid(x, y)
deg2rad = np.pi / 180

# streamfunction 자료 생성
phi0 = 1e8   # 위도 0, 경도 0 에서의 streamfunction
U = 20       # 서풍 속도(지균풍 가정)
A = 6e7      # streamfunction 진폭
R = 6.37e6 # 지구 반지름
phi = phi0 -U * R * y2d * deg2rad + A * np.sin(x2d * 2*np.pi/120) * np.cos( (y2d-45)
* 2*np.pi/180)  # streamfunction (지균풍을 일으키는 배경장 + 경도 방향 파수 3, 위도 방향
파수 2 인 파동)
vmin = np.min(phi)
vmax = np.max(phi)

phi = phi[:-1,:-1]   # 원래는 x2d, y2d 로 정의된 격자 상자의 중앙값으로 변수가 정의되어야
하나 편의상 변수의 크기를 줄여서 대체

# 그림
fig, ax = plt.subplots(2,2, figsize = (8,8))

# 1) plt.pcolor()
image = ax[0,0].pcolor(x2d, y2d, phi, cmap = 'gnuplot', vmin = vmin, vmax = vmax) #
shading
ax[0,0].set_title("pcolor")
plt.colorbar(image, ax = ax[0,0], orientation = 'horizontal')
```

```
# 2) plt.pcolormesh()
image = ax[0,1].pcolormesh(x2d, y2d, phi, cmap = 'gnuplot', vmin = vmin, vmax =
vmax)
ax[0,1].set_title("pcolormesh")
plt.colorbar(image, ax = ax[0,1], orientation = 'horizontal')

# 3) plt.imshow()
image = ax[1,0].imshow(phi, cmap = 'gnuplot', vmin = vmin, vmax = vmax,
           extent = [0, 360, 0, 90], interpolation = 'nearest', aspect = 'auto', origin
= 'lower') # 최근접 보간법(nearest neighbor interpolation) 사용
ax[1,0].set_title("imshow (nearest)")
plt.colorbar(image, ax = ax[1,0], orientation = 'horizontal')

# 4) Axes.pcolorfast()
image = ax[1,1].pcolorfast(x2d, y2d, phi, cmap = 'gnuplot', vmin = vmin, vmax = vmax)
ax[1,1].set_title("pcolorfast")
plt.colorbar(image, ax = ax[1,1], orientation = 'horizontal')

plt.show()
```

| 형식 |
| --- |
| plt.pcolor( [X], [Y], [C], cmap = [cmap], vmin = [vmin], vmax = [vmax], ⋯) |

| 매개변수 | 설정하는 특성 | 옵션 |
| --- | --- | --- |
| [X] | 격자의 x 값 | 1 차원 또는 2 차원 실수 배열/리스트(list)/행렬 |
| [Y] | 격자의 y 값 | 1 차원 또는 2 차원 실수 배열/리스트(list)/행렬 |
| [C] | 격자로 둘러싸인 상자 중심에서의 자료 | 2 차원 실수 배열/리스트(list)/행렬<br>ex. [X], [Y]의 차원이 (nx, ny)일 경우 [C]의 차원은 (nx-1, ny-1)을 추천함. ((nx, ny)인 경우 마지막 행과 열의 자료를 버리고 그림을 그려 줌) |
| cmap | 색지도(colormap) | Pyplot 에서 인식하는 색지도(colormap) 이름 문자열 |
| vmin | 그림에 나타내는 최솟값 | 실수 |
| vmax | 그림에 나타내는 최댓값 | 실수 |

표 3-57. 색칠된 격자 그림을 그려 주는 plt.pcolor() 함수. Axes.pcolor() 함수도 동일.

plt.pcolormesh( [X], [Y], [C], cmap = [cmap], vmin = [vmin], vmax = [vmax], ···)

표 3-58. 색칠된 격자 그림을 그려 주는 plt.pcolormesh() 함수.
각 변수의 특징과 사용법은 plt.pcolor() 함수와 동일합니다.

ax[i,j].pcolorfast( [X], [Y], [C], cmap = [cmap], vmin = [vmin], vmax = [vmax], ···)

표 3-59. 색칠된 격자 그림을 그려 주는 Axes.pcolorfast() 함수.
각 변수의 특징과 사용법은 plt.pcolor() 함수와 동일합니다.

plt.imshow( [X], cmap = [cmap], vmin = [vmin], vmax = [vmax], extent = [extent], origin = [origin], interpolation = [interpolation], aspect = [aspect], ···)

| 매개변수 | 설정하는 특성 | 옵션 |
| --- | --- | --- |
| [X] | 그리려는 자료 | 2 차원 실수 행렬/배열/리스트(list) |
| cmap | 색지도(colormap) | Pyplot 에서 인식하는 색지도(colormap) 이름 문자열 |
| vmin | 그림에 나타내는 최솟값 | 실수 |
| vmax | 그림에 나타내는 최댓값 | 실수 |
| extent | x, y 축 범위 | [ [xmin], [xmax], [ymin], [ymax] ]<br>- [xmin]: x 축 최솟값<br>- [xmax]: x 축 최댓값<br>- [ymin]: y 축 최솟값<br>- [ymax]: y 축 최댓값 |
| origin | 원점 위치 | 'upper': 상단 좌측에 원점 위치<br>'lower': 하단 좌측에 원점 위치 |
| interpolation | 보간법 종류 | ex. 'nearest': 최근접 보간법,<br>    'bilinear': 양선형 보간법,<br>    ... |
| aspect | 축 비율 | 'equal': 각 격자 상자를 정사각형으로 만듦 |

| | | 'auto': 각 격자 상자를 적절한 비율의 직사각형으로 만듦 |
|---|---|---|

표 3-60. 색칠된 격자 그림을 그려 주는 plt.imshow() 함수. Axes.imshow() 함수도 동일.

imshow() 함수는 다른 pcolor 계열 함수들과는 다르게 격자 정보가 필요 없습니다. 이는 imshow() 함수가 기본적으로 Numpy 2 차원 배열을 시각화하는 함수이기 때문입니다. 따라서 실제 격자의 크기가 일정하지 않은 경우에 pcolor 계열 함수들은 서로 다른 격자의 크기를 정확히 표현할 수 있지만 imshow() 함수는 그렇지 않기 때문에 그림에 차이가 생깁니다. pcolor()와 pcolormesh() 함수는 내부적으로 자료를 처리하는 방식이 다른데, 대부분의 경우 pcolormesh()가 더 빠르며, 그렇기 때문에 pcolormesh()가 보통 선호됩니다. 또한 그림을 부드럽게 표현해 주는 "Gouraud" shading 옵션도 pcolormesh()에서만 가능합니다(The Matplotlib development team, n.d.).[14] pcolorfast() 함수는 Matplotlib 3.2.1 버전에서는 아직 안정화되지 않은 실험 버전입니다(The Matplotlib development team, n.d.).[15] pcolor 계열 함수들이 필요로 하는 격자 정보는 정확히는 np.meshgrid() 함수를 이용해 생성된 격자 **경계값**입니다. 경계값이기 때문에 격자 정보 배열의 크기는 기본적으로 보여질 자료 배열의 크기보다 x, y 축 방향 모두 1 만큼 더 커야 합니다.

------------------------------------------------------------------------------------------

## 3-6. 바람장

바람장을 표현할 땐 벡터 형태로 그리거나 유선(streamline) 형태로 표현하는 방식이 있습니다. 각각의 방식을 어떻게 표현할 수 있는지 간단히 살펴보도록 하겠습니다.

---

[14] The Matplotlib development team. (n.d.). *matplotlib.pyplot.pcolormesh*. Retrieved from https://matplotlib.org/3.1.1/api/_as_gen/matplotlib.pyplot.pcolormesh.html

[15] The Matplotlib development team. (n.d.). *matplotlib.axes.Axes.pcolorfast*. Retrieved from https://matplotlib.org/api/_as_gen/matplotlib.axes.Axes.pcolorfast.html

### 3-6-1. 벡터(Vector) 그림

벡터장 그림의 예시로 원점을 중심으로 회전하는 유체에서 볼 수 있는 벡터장을 만들어 아래 그림과 같이 그려 보겠습니다. Pyplot 에서 벡터장을 그릴 땐 plt.quiver() 함수를 사용하며, 기준 벡터(key)를 plt.quiverkey() 함수를 통해 표시할 수 있습니다.

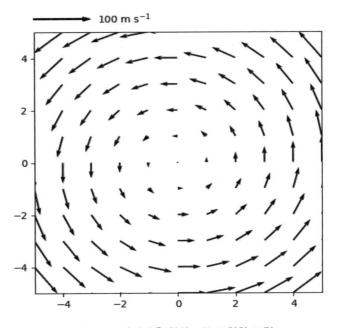

그림 3-16. 벡터장을 화살표로 표현한 그림.

---

1) 필요한 패키지 불러오기
2) 매개변수 정의 및 바람 자료 생성
3) 그림 객체 생성 후 바람에 대한 벡터장 그림과 기준 벡터(key) 그리기
4) 그림을 파일로 저장

---

```
import numpy as np
import matplotlib.pyplot as plt

x = np.arange(-5, 5+1, 1)
y = np.arange(-5, 5+1, 1)
x2d, y2d = np.meshgrid(x,y)  # 2 차원 격자 만들기
theta = np.arctan2(y2d, x2d)  # 원점 중심, x 축을 기준으로 반시계 방향 각도
```

```
r = np.sqrt(x2d**2 + y2d**2)   # 원점으로부터 거리

# 속도 벡터장 u, v
scale = 10
u = -r * np.sin(theta) * scale
v = r * np.cos(theta) * scale

fig = plt.figure(figsize = (5,5))
Q = plt.quiver(x, y, u, v, units = 'xy', scale_units = 'xy', scale = 50)   # 벡터장 그리기
plt.quiverkey(Q, X = 0.2, Y = 1.05, U = 100, label = "100 m s$^{-1}$", labelpos = "E")
# 벡터장 정보 표시
plt.axis([-5, 5, -5, 5])

filename_figure = "vector_example1.png"
plt.savefig(filename_figure)
```

| 형식 | | |
|---|---|---|
| plt.quiver( [X], [Y], [U], [V], units = [units], angles = [angles], scale_units = [scale_units], scale = [scale], color = [c], …) | | |
| 매개변수 | 설정하는 특성 | 옵션 |
| [X] | 벡터의 x 위치 | [U]와 크기가 같은 2 차원 실수 행렬 또는 [U]의 열 개수와 길이가 같은 1 차원 실수 배열 |
| [Y] | 벡터의 y 위치 | [U]와 크기가 같은 2 차원 실수 행렬 또는 [U]의 행 개수와 길이가 같은 1 차원 실수 배열 |
| [U] | 벡터의 x 축 방향 값 | 1 차원 또는 2 차원 실수 배열/행렬 |
| [V] | 벡터의 y 축 방향 값 | [U]와 크기가 같은 실수 배열/행렬 |
| units | 벡터의 단위(단, 길이 제외) | 'width', 'height' : x, y 축의 크기/범위가 클수록 화살표가 커짐<br>'x', 'y' : x, y 축의 크기/범위를 좁힐수록 화살표가 커짐<br>'dots', 'inches', 'xy' : x, y 축 범위에 관계없이 화살표 크기 일정 |
| angles | 벡터 방향 표시 방법 | 'uv' : x, y 축 스케일이 같다고 가정하고 벡터를 그림. 가령 (1,1) 벡터는 45 도 각도를 |

| | | 향하도록 그려짐.<br>'xy' : x, y 축 스케일에 맞추어 벡터를 그림 |
|---|---|---|
| scale_units | 벡터의 길이 단위 | ex. 'width', 'height', 'x', 'y', 'xy', 'dots',<br>'inches'<br>- u, v 벡터를 x, y 축과 같은 단위로 그리려면<br>angles = 'xy', 'scale_units' = 'xy', scale =<br>1 로 설정하면 됨 |
| scale | 벡터의 길이 조절 변수 | 양수 |
| color | 벡터 색깔 | Pyplot 에서 인식하는 색 이름 문자열 |

표 3-61. xy 평면에 벡터장을 화살표로 그리는 plt.quiver() 함수.

| 형식 |
|---|
| plt.quiverkey( [Q], [X], [Y], [U], label = [label], labelpos = [lp], coordinates = [coordinates], …) |

| 매개변수 | 설정하는 특성 | 옵션 |
|---|---|---|
| [Q] | 벡터장 그림 객체 | |
| [X] | key 의 x 위치 | 실수(범위는 coordinates 에 따라 달라짐) |
| [Y] | key 의 y 위치 | 실수(범위는 coordinates 에 따라 달라짐) |
| [U] | key 의 길이 | 양수 |
| label | key 의 범례(legend) | 문자열 |
| labelpos | key 에 대한 key<br>범례(legend) 위치 | 'N', 'S', 'E', 'W' |
| coordinates | key 위치 좌표 종류 | ex. 'figure' 그림창을 기준으로 위치 표시<br>((0,0): 왼쪽 아래/(1,1): 오른쪽 상단)<br>　'data': x, y 축 기준으로 위치 표시 |

표 3-62. 벡터장 그림의 기준 벡터(key)를 넣는 plt.quiverkey() 함수.

## 3-6-2. 유선도(Streamline) 그리기

벡터장을 그리는 또다른 방법은 벡터장을 따라 이동했을 때의 자취인 유선(streamline)을 그리는 것입니다. 아래 그림은 예제 3-6-1 과 동일한 자료를 plt.streamplot() 함수를 써서 표현한 그림 예시입니다. 이때 plt.streamplot()의 매개변수 중 하나인 color 에 벡터장의 크기를 넣어 벡터 크기(즉, 유속)에 따라 색깔이 달라지도록 설정했습니다.

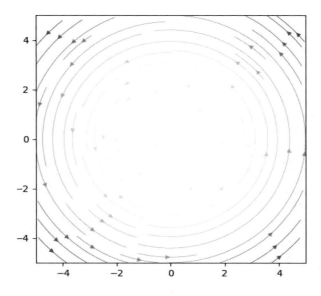

그림 3-17. 벡터장을 유선으로 표현한 그림.

1) 필요한 패키지 불러오기
2) 매개변수 정의 및 바람 자료 생성
3) 그림 객체 생성 후 바람에 대한 유선 그림 그리기
4) 그림을 파일로 저장

```
import numpy as np
import matplotlib.pyplot as plt

x = np.arange(-5, 5+1, 1)
y = np.arange(-5, 5+1, 1)
x2d, y2d = np.meshgrid(x,y)
```

```
theta = np.arctan2(y2d, x2d)
r = np.sqrt(x2d**2 + y2d**2)

scale = 10
u = -r * np.sin(theta) * scale
v = r * np.cos(theta) * scale

fig = plt.figure(figsize = (5,5))
plt.streamplot(x, y, u, v, color = r**2, linewidth = 0.5, cmap = 'YlOrRd')  # 유선 그림
plt.axis([-5, 5, -5, 5])

filename_figure = "vector_example2.png"
plt.savefig(filename_figure)
```

| 형식 | | |
|---|---|---|
| plt.streamplot( [X], [Y], [U], [V], color = [c], linewidth = [lw], cmap = [cmap], …) | | |
| 변수 | 설정하는 특성 | 옵션 |
| [X] | 유선벡터의 x 위치 | [U]와 크기가 같은 2 차원 실수 행렬 또는 [U]의 열 개수와 길이가 같은 1 차원 실수 배열 |
| [Y] | 유선벡터의 y 위치 | [U]와 크기가 같은 2 차원 실수 행렬 또는 [U]의 행 개수와 길이가 같은 1 차원 실수 배열 |
| [U] | 유선벡터의 x 축 방향 값 | 1 차원 또는 2 차원 실수 배열/행렬 |
| [V] | 유선벡터의 y 축 방향 값 | [U]와 크기가 같은 실수 배열/행렬 |
| color | 유선 색깔 | 실수 배열 또는 Pyplot 에서 인식하는 색깔 이름 문자열 |
| linewidth | 유선 색 두께 | 0 이상의 실수 |
| cmap | 유선 색지도(colormap) | Pyplot 에서 인식하는 색지도(colormap) 이름 문자열 |

표 3-63. 유선을 그리는 plt.streamplot() 함수.

### 3-6-3. 바람깃(Wind barb) 그림

일상적인 일기도에서 보는 것처럼, 2 차원 벡터장을 바람깃(wind barb)을 이용해 표시할 수도 있습니다. 그림 3-18 은 아래 예제 코드를 이용해 예제 3-6-1, 3-6-2 와 동일한 자료를 plt.barbs() 함수를 통해 바람깃으로 표현한 그림들입니다. 그림 3-18 의 오른쪽 그림에서 풍속에 따라 색을 다르게 하기 위해 colors.BoundaryNorm() 함수를 사용했는데, 이 함수에 대한 기본적인 정보는 NOTE 에 기술했습니다.

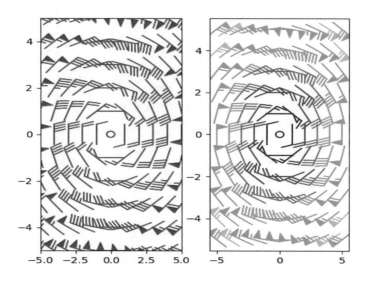

그림 3-18. 벡터장을 바람깃으로 표현한 그림.

1) 필요한 패키지 불러오기
2) 매개변수 정의 및 바람 자료 생성
3) 그림 객체 생성 후 바람에 대한 바람깃 그림 그리기
4) 그림을 파일로 저장

```python
import numpy as np
import matplotlib.pyplot as plt
from matplotlib.colors import BoundaryNorm

x = np.arange(-5, 5+1, 1)
y = np.arange(-5, 5+1, 1)
```

```
x2d, y2d = np.meshgrid(x,y)
theta = np.arctan2(y2d, x2d)
r = np.sqrt(x2d**2 + y2d**2)

scale = 10
u = -r * np.sin(theta) * scale
v = r * np.cos(theta) * scale

fig = plt.figure(figsize = (5,5))

fig.add_subplot(1,2,1)
plt.barbs(x, y, u, v, pivot = 'middle', barbcolor = 'g', flagcolor = 'b')  # 바람깃 그림 1
plt.axis([-5, 5, -5, 5])

fig.add_subplot(1,2,2)
cmap = plt.cm.jet
plt.barbs(x, y, u, v, r, pivot = 'middle', cmap = cmap, norm =
          BoundaryNorm(np.linspace(1,10,10), cmap.N))  # 바람깃 그림 2

filename_figure = "vector_example3.png"
plt.savefig(filename_figure)
```

| 형식 | | |
|---|---|---|
| plt.barbs( [X], [Y], [U], [V], pivot = [pivot], barbcolor = [bc], flagcolor = [fc], cmap = [cmap], norm = [norm], ⋯) | | |
| 매개변수 | 설정하는 특성 | 옵션 |
| [X] | 바람깃의 x 위치 | [U]와 크기가 같은 2 차원 실수 행렬 또는 [U]의 열 개수와 길이가 같은 1 차원 실수 배열 |
| [Y] | 바람깃의 y 위치 | [U]와 크기가 같은 2 차원 실수 행렬 또는 [U]의 행 개수와 길이가 같은 1 차원 실수 배열 |
| [U] | 바람깃의 x 축 방향 값 | 1 차원 또는 2 차원 실수 배열/행렬 |
| [V] | 바람깃의 y 축 방향 값 | [U]와 크기가 같은 실수 배열/행렬 |
| pivot | 바람깃 위치에 고정되는 바람깃 부분 | 'tip': 바람깃 끝이 (x,y)에 고정됨<br>'middle': 바람깃 중앙이 (x,y)에 고정됨 |

| barbcolor | 바람깃 막대 색깔 | Pyplot 에서 인식하는 색깔 이름 문자열 |
|---|---|---|
| flagcolor | 바람깃 깃발 색깔 | Pyplot 에서 인식하는 색깔 이름 문자열 |
| cmap | 바람깃 색지도(colormap) | Pyplot 에서 인식하는 색지도(colormap) 이름 문자열 |
| norm | 값에 따른 색깔 인덱스(index) 기준 | 정규화 인스턴스 (instance) 또는 색깔 인덱스(index)를 정해 주는 함수 |

표 3-64. 바람깃을 그리는 plt.barbs() 함수.

NOTE --------------------------------------------------------------------------------------------

*예제 3-6-3 에서 사용된 기타 유용한 함수*

| 형식 | | |
|---|---|---|
| BoundaryNorm( [boundaries], [ncolors], ⋯) | | |
| 매개변수 | 설정하는 특성 | 옵션 |
| boundaries | 경계값 배열 | 증가하는 1 차원 실수 배열 |
| ncolors | 색지도(colormap)에 사용될 색깔 개수 | 자연수 |

표 3-65. 주어진 이산값(discrete values)에 대해 주어진 색지도(colormap)에서<br>대응하는 색 정보를 돌려주는 colors.BoundaryNorm() 함수.

--------------------------------------------------------------------------------------------

## 3-7. 지도투영법

3차원 입체인 지구의 표면을 2차원 평면 상에 지도로 표현하는 방법을 지도투영법이라고 하며, 목적에 따라 다양한 지도투영법이 존재합니다. 이번 절에서는 주요 지도투영법을 파이썬에서 어떻게 그릴 수 있는지 간단한 예시를 통해 살펴보도록 하겠습니다.

파이썬에서 지도 객체를 만들 때 자주 사용되는 패키지에는 Basemap 과 Cartopy 가 있습니다. 소개할 예제들 중 몇몇은 Basemap 을, 몇몇은 Cartopy 를 사용했으나, 한 패키지를 사용한 코드를 다른 패키지에 맞게 조금만 수정하면 본질적으로 같은 그림을 얻을 수 있기에 어떤 패키지를 이용하든 큰 차이는 없습니다. 그러나 Basemap 은 2016년 이후 개발이 중단되어 더 이상 업데이트가 없고 호환성이 없으며, 2020년 이후 더 이상 파이썬에서 지원하지 않을 예정이기 때문에(The matplotlib development team, n.d.),[16] 앞으로 파이썬을 계속 사용할 독자분들에겐 Cartopy 의 사용을 권장 드립니다.

### 3-7-1. 정거원통도법(Cylindrical equidistant)

정거원통도법은 다음 그림 3-19 와 같이 위경도선이 등간격으로 그려지는 투영법을 말합니다. 그림 3-19 의 왼쪽은 Basemap 을, 오른쪽은 Cartopy 를 이용해 그린 겨울철과 여름철 300hPa 풍속 기후값(climatology)으로, 어떤 방법을 쓰든 거의 동일한 그림을 얻을 수 있음을 알 수 있습니다.

---

[16] The matplotlib development team. (n.d.) *Introduction*. Retrieved from https://matplotlib.org/basemap/users/intro.html

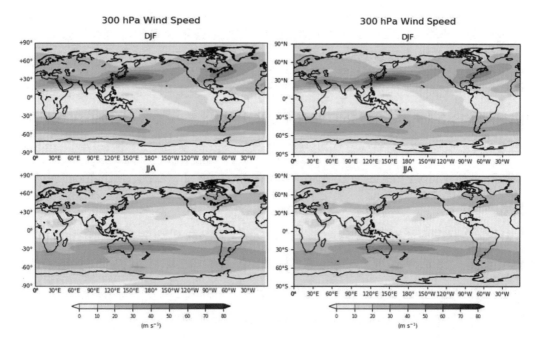

그림 3-19. (왼쪽) Basemap 과 (오른쪽) Cartopy 를 이용해 그린 300hPa
(위) 겨울철 (아래) 여름철 풍속 기후값.

그림을 그리기 위해 사용한 자료인 NCEP/NCAR 1981-2010 년 월별 풍속 기후값 재분석 자료(Kalnay et al., 1996)[17]는 NOAA/OAR/ESRL PSL, Boulder, CO, USA 에서 제공하였으며, 해딩 웹사이드 (https://psl.noaa.gov/)[18]에서 다운로드할 수 있습니다.

자료의 기본적인 정보를 확인했다면, 이제 그림을 그리기 위한 예제 코드를 보겠습니다. 예제 코드는 다음의 순서로 진행됩니다.

---

1) 필요한 패키지 불러오기 및 매개변수 정의
2) 파일로부터 겨울철과 여름철 풍속 자료 읽기
3) 그림 객체와 패널(axes) 생성 및 그림 보조 변수들(등고선 값, 제목, …) 정의

---

[17] Kalnay, E., Kanamitsu, M., Kistler, R., Collins, W., Deaven, D., Gandin, L., ... & Zhu, Y. (1996). The NCEP/NCAR 40-year reanalysis project. *Bulletin of the American meteorological Society*, *77*(3), 437-472. *https://doi.org/10.1175/1520-0477(1996)077<0437:TNYRP>2.0.CO;2*

[18] PSL. (n.d.). *NCEP/NCAR Reanalysis Monthly Means and Other Derived Variables: Pressure Level*. Retrieved from https://psl.noaa.gov/data/gridded/data.ncep.reanalysis.derived.pressure.html

4) Basemap 또는 Cartopy 를 이용해 정거원통도법을 사용한 지도 위에 계절별 풍속에 대한 shading 그림 나타내기
5) 축, 축 서식, 컬러바 등 그림 세부 설정 조절 후 그림창을 띄워 결과 확인

먼저 필요한 함수와 패키지를 가져옵니다. 앞선 예제들에서 썼던 Numpy, Dataset, Pyplot 외에도 지도를 그리기 위한 Basemap 과 Cartopy 를 가져왔으며, Cartopy 를 이용해 그린 지도에 위/경도 눈금 형식을 지정하기 위해 cartopy.mpl.ticker.LongitudeFormatter(), cartopy.mpl.ticker.LatitudeFormatter() 함수를 가져왔습니다.

이 코드에선 매개변수로 지도를 그리는 방식 maptype 을 정의해 이 변수의 값이 "Basemap"일 땐 Basemap 을, "cartopy"일 땐 Cartopy 를 이용해 지도를 그리도록 했습니다. 그 다음 파일에서 자료를 읽어 겨울과 여름철 평균 전지구 300hPa 풍속 자료를 계산합니다. 그림을 그릴 때 편의를 위해 np.stack() 함수를 이용해 두 자료를 쌓아서 wspd 변수를 만들었습니다.

```python
import numpy as np
from netCDF4 import Dataset
import matplotlib.pyplot as plt
from mpl_toolkits.basemap import Basemap
import cartopy.crs as ccrs
from cartopy.mpl.ticker import LongitudeFormatter, LatitudeFormatter

# 매개변수 정의
maptype = "cartopy"  # 지도를 그리는 방식("Basemap" 또는 "cartopy")

# 자료 읽기
f = Dataset("wspd.mon.ltm.nc", "r")
lat = np.squeeze( f.variables["lat"][:] )
lon = np.squeeze( f.variables["lon"][:] )
level = np.squeeze( f.variables["level"][:] )
ind_level = np.where(level == 300)[0]

ind_winter = [0,1,11]  # 1, 2, 12 월
ind_summer = [5,6,7]   # 6, 7, 8 월
# 겨울철 평균 300hPa 풍속
wspd_winter = np.mean(np.squeeze( f.variables["wspd"][ind_winter,ind_level,:,:] ), axis=0)
 # 여름철 평균 300hPa 풍속
```

```
wspd_summer = np.mean(np.squeeze( f.variables["wspd"][ind_summer,ind_level,:,:] ),
axis=0)
wspd = np.stack((wspd_winter, wspd_summer))  # 두 자료를 쌓음(stack)
```

그림을 그리기 위한 코드 내용은 아래와 같습니다. 그림에 필요한 몇 가지 변수들을 정의한 후, maptype 의 값에 따라 Basemap 또는 Cartopy 를 이용해 지도를 그리고 그 위에 겨울철 또는 여름철 300hPa 풍속 자료의 등고선 shading 그림을 그립니다. Cartopy 를 사용한 경우 위경도 눈금 값의 서식을 정해 줄 때 Axis.set_major_formatter(), Axis.set_minor_formatter() 함수를 사용했습니다. Basemap 을 이용할 땐 (1) 그림 객체 또는 subplot 을 정의한 후 Basemap 객체를 정의할 때 지도투영법을 명시해 줍니다. 또한 (2) Basemap 객체는 위경도선을 그리는 함수(drawparallels(), drawmeridians())와 해안선을 그리는 함수(drawcoastlines())를 갖고 있으며, (3) 변수에 관한 등고선, 벡터 등의 그림을 Basemap 객체에 그립니다.

반면 Cartopy 의 경우 (1) 그림 객체 또는 subplot 정의할 때 지도투영법을 명시해 줍니다. 그리고 (2) 위경도선, 해안선, (3) 변수에 관한 그림을 해당 그림 객체 또는 subplot 에 그려 준다는 점에서 차이가 있습니다. 이때 변수가 위/경도 격자 형태로 저장된 경우 아래와 같이 transform 매개변수를 ccrs.PlateCarree() 함수를 사용해 설정합니다.

그러나 어떤 방법을 쓰든 결과적으로 얻는 그림은 그림 3-19 에서 볼 수 있듯이 대체로 동일하게 만들 수 있습니다.

```
# 그림에 필요한 보조 변수들
lon2d, lat2d = np.meshgrid(lon, lat)
contour_levels = np.arange(0, 80+10, 10)
titles = ["DJF", "JJA"]

# 그림 그리기
# 1) Basemap 을 이용하는 경우
if maptype == "Basemap":

    fig, ax = plt.subplots(2,1, figsize = (7,6))  # 그림 객체 생성
    for i in range(2):
        # 지도 생성 (정거원통도법)
        m = Basemap(projection = "cyl", resolution = "c", ax = ax[i],
                    llcrnrlon = 0, llcrnrlat = -90, urcrnrlon = 360, urcrnrlat = 90)
```

```python
        m.drawparallels(np.arange(-90, 90+30, 30), labels = [1,0,0,0], fontsize = 7,
linewidth = 0)  # 위도선
        m.drawmeridians(np.arange(0, 360+30, 30), labels = [0,0,0,1], fontsize = 7,
linewidth = 0)  # 경도선
        m.drawcoastlines()  # 해안선

        image = m.contourf(lon2d, lat2d, wspd[i,:,:], contour_levels, cmap = 'YlGnBu',
extend = 'both', latlon = True)  # 풍속 등고선 shading 그림
        ax[i].set_title(titles[i], fontsize = 10)

# 2) Cartopy 를 이용하는 경우
elif maptype == "cartopy":

    fig, ax = plt.subplots(2,1, figsize = (7,6), subplot_kw =
{"projection":ccrs.PlateCarree(central_longitude = 180)})  # 그림 객체 생성 (정거원통도법)
    for i in range(2):
        ax[i].set_xticks(np.arange(0, 360+30, 30), crs = ccrs.PlateCarree())  # 경도선
        ax[i].set_yticks(np.arange(-90, 90+30, 30), crs = ccrs.PlateCarree())  # 위도선
        ax[i].xaxis.set_major_formatter(LongitudeFormatter())  # 경도 눈금 값 서식
        ax[i].yaxis.set_major_formatter(LatitudeFormatter())  # 위도 눈금 값 서식
        ax[i].tick_params(axis = 'both', labelsize = 7)
        ax[i].coastlines()  # 해안선

        image = ax[i].contourf(lon2d, lat2d, wspd[i,:,:], contour_levels, cmap = 'YlGnBu',
extend = 'both', transform = ccrs.PlateCarree())  # 풍속 등고선 shading 그림 (위/경도
격자에 정의된 변수는 transform 을 PlateCarree 로 설정해 주는 게 좋음)
        ax[i].set_title(titles[i], fontsize = 10)


# 컬러바
caxes = fig.add_axes([0.3, 0.08, 0.4, 0.015])
cbar = plt.colorbar(image, cax = caxes, orientation = 'horizontal', ticks = contour_levels,
format = "%d", drawedges = True)
cbar.set_label(label = "(m s$^{-1}$)", size = 7)  # 컬러바 이름(특수문자 활용)
cbar.ax.tick_params(labelsize = 6)

plt.suptitle("300 hPa Wind Speed", fontsize = 12)
plt.subplots_adjust(top = 0.9, bottom = 0.15,
                    left = 0.1, right = 0.9,
                    wspace = 0., hspace = 0.2)

plt.show()
```

위 코드에서 중요하게 쓰인 함수들에 대한 설명은 다음의 표들로 정리했습니다.

| 형식 | | |
|---|---|---|
| m = Basemap( projection = [proj], resolution = [rs], ax = [ax], …) | | |
| 매개변수 | 설정하는 특성 | 옵션 |
| projection | 지도 투영법 | mpl_toolkits.basemap 에서 인식할 수 있는 지도 투영법 이름 문자열<br>ex. 'cyl': Cylindrical Equidistant(정거원통도법)<br>'lcc': Lambert Conformal (람베르트 정각원추도법)<br>… |
| resolution | 해상도 | ex. 'c': 투박한(crude) 해상도<br>'l': 낮은(low) 해상도<br>'i': 중간(intermediate) 해상도<br>'h': 높은(high) 해상도<br>'f': 최대(full) 해상도 |
| ax | 그림을 그리려는 패널(axes) | ex. ax[i,j], … |

표 3-66. Basemap 지도 객체를 형성하는 basemap.Basemap() 함수.

| 형식 | | |
|---|---|---|
| m = Basemap( projection = "cyl", llcrnrlon = [llcrnrlon], llcrnrlat = [llcrnrlat], urcrnrlon = [urcrnrlon], urcrnrlat = [urcrnrlat], …) | | |
| 매개변수 | 설정하는 특성 | 옵션 |
| llcrnrlon | 지도 좌측 하단 경도 (°) | -360 - 720 범위의 실수 |
| llcrnrlat | 지도 좌측 하단 위도 (°) | -90 - 90 범위의 실수 |
| urcrnrlon | 지도 우측 상단 경도 (°) | -360 - 720 범위의 실수 |
| urcrnrlat | 지도 우측 상단 위도 (°) | -90 - 90 범위의 실수 |

표 3-67. Basemap 함수를 이용해 정거원통도법을 사용한 지도를 그리는 방법.

| 형식 | | |
|---|---|---|
| m.drawparallels( [circles], labels = [labels], linewidth = [lw], labelstyle = [ls], fontsize = [fs], ···) | | |
| 매개변수 | 설정하는 특성 | 옵션 |
| [circles] | 위도선 및 눈금 위치 | -90 - 90 범위의 실수로 이루어진 1 차원 배열/리스트(list) |
| labels | 각 축에 위도선 눈금 값을 표시할지에 대한 여부 | [ [left], [right], [top], [bottom] ] (배열/리스트(list)의 각 원소는 0 또는 1, 즉 False/True) |
| linewidth | 위도선 두께 | 0 이상의 실수 |
| labelstyle | 위도 눈금 값 종류 | - "+/-": 위도 앞에 +/-가 붙음<br>- 기타: 위도 뒤에 N/S 가 붙음 |
| Fontsize | 위도 눈금 값 글씨 크기 | 0 이상의 실수 |

표 3-68. Basemap 객체에 위도선을 그리는 basemap.drawparallels() 함수.

| 형식 | | |
|---|---|---|
| m.drawmeridians( [meridians], labels = [labels], linewidth = [lw], labelstyle = [ls], fontsize = [fs], ···) | | |
| 매개변수 | 설정하는 특성 | 옵션 |
| [meridians] | 경도선 및 눈금 위치 | -360 - 720 범위의 실수로 이루어진 1 차원 배열/리스트(list) |
| labels | 각 축에 경도선 눈금 값을 표시할지에 대한 여부 | [ [left], [right], [top], [bottom] ] (배열/리스트(list)의 각 원소는 0 또는 1, 즉 False/True) |
| linewidth | 경도선 두께 | 0 이상의 실수 |
| labelstyle | 경도 눈금 값 종류 | - "+/-": 위도 앞에 +/-가 붙음<br>- 기타: 위도 뒤에 E/W 가 붙음 |
| fontsize | 경도 눈금 값 글씨 크기 | 0 이상의 실수 |

표 3-69. Basemap 객체에 경도선을 그리는 basemap.drawmeridians() 함수.

| 형식 | | |
|---|---|---|
| m.drawcoastlines( linewidth = [lw], linestyle = [ls], color = [c], zorder = [zorder], …) | | |
| 매개변수 | 설정하는 특성 | 옵션 |
| linewidth | 육지 윤곽선 두께 | 0 이상의 실수 |
| linestyle | 육지 윤곽선 스타일 | Pyplot 에서 인식하는 선 스타일 이름(ex. 'solid', 'dashed') 또는 글자로 표현한 선 스타일 문자열(ex. '-', '--', '-.', …) |
| color | 육지 윤곽선 색깔 | Pyplot 에서 인식하는 색깔 이름 문자열 |
| zorder | 그림을 덧칠(overlay)하는 순서 | 자연수 |

표 3-70. Basemap 지도 객체에 육지 윤곽선을 그리는 basemap.drawcoastlines() 함수.

| 형식 | | |
|---|---|---|
| ccrs.PlateCarree( central_longitude = [cl], …) | | |
| 매개변수 | 설정하는 특성 | 옵션 |
| central_longitude | 지도 가운데 경도 | 실수 |

표 3-71. Cartopy 를 이용해 지도의 투영법을 정거원통도법으로 설정할 때 사용하는 ccrs.PlateCarree() 함수.

참고로 Basemap 지도 객체 위에 변수에 관한 등고선 shading 그림을 그릴 때 위 코드와 같이 m.contourf(lon2d, lat2d, wspd[i,:,:], …, latlon = True)라고 하는 방식 대신 아래와 같이 코드를 작성해도 동일한 결과를 얻을 수 있습니다.

```
x, y = m(lon2d, lat2d)
m.contourf(x, y, wspd[i,:,:], …)
```

*예제 3-7-1 에서 사용된 기타 유용한 함수들*

| 형식 | | |
|---|---|---|
| np.stack( [arrays], axis = [axis], ⋯) | | |
| 매개변수 | 설정하는 특성 | 옵션 |
| [arrays] | 쌓으려는 배열/행렬/리스트(list)들 | 동일한 차원의 배열/행렬/리스트(list)들의 배열/리스트(list) 또는 튜플 |
| axis | 새롭게 쌓인 축 번호 | ex. (n1, n2) 차원의 배열 N 개를 쌓을 때 결과적으로 주어지는 배열의 차원은 다음과 같음<br>- axis = 0 : (N, n1, n2) 차원<br>- axis = 1: (n1, N, n2) 차원<br>⋯<br>- axis = -1: (n1, n2, N) 차원 |

표 3-72. 행렬/배열/리스트(list)를 새로운 축에 대해 쌓아 주는 np.stack() 함수.

| 형식 | | |
|---|---|---|
| ax[i].[axis].set_major_formatter( [formatter] ) | | |
| 매개변수 | 설정하는 특성 | 옵션 |
| [axis] | 큰 눈금 형식을 설정하려는 축 | ex. xaxis, yaxis |
| [formatter] | 눈금 형식(formatter) 객체 | ticker.Formatter 객체 |

표 3-73. 축의 큰 눈금 형식을 설정하는 Axis.set_major_formatter() 함수.

| 형식 |
| --- |
| ax[i].[axis].set_minor_formatter( [formatter] ) |

| 매개변수 | 설정하는 특성 | 옵션 |
| --- | --- | --- |
| [axis] | 작은 눈금 형식을 설정하려는 축 | ex. xaxis, yaxis |
| [formatter] | 눈금 형식(formatter) 객체 | ticker.Formatter 객체 |

표 3-74. 축의 작은 눈금 형식을 설정하는 Axis.set_minor_formatter() 함수.

| 형식 |
| --- |
| LongitudeFormatter( ⋯ ) |

표 3-75. 통상적인 경도 눈금 표시 형식을 주는 cartopy.mpl.ticker.LongitudeFormatter() 함수.

| 형식 |
| --- |
| LatitudeFormatter( ⋯ ) |

표 3-76. 통상적인 위도 눈금 표시 형식을 주는 cartopy.mpl.ticker.LatitudeFormatter() 함수.

------------------------------------------------------------------------------------------------

## 3-7-2. 로빈슨도법(Robinson)

로빈슨도법은 1963 년 미국의 지리학자 로빈슨(Arthur H. Robinson)이 전지구를 "보기 좋게" 나타내기 위해 거리, 넓이, 각도 등을 모두 적절히 왜곡한 독특한 지도투영법입니다. 이번 예제에선 Atlantic Multidecadal Oscillation (AMO)와 지표 기온 간의 관계를 표현한 Trenberth and Shea(2006)[19]의 그림 4(다음 그림 3-20)를 파이썬의 Cartopy 를 이용해 그림 3-21 과 같이 재현해 보겠습니다.

---

[19] Trenberth, K. E., & Shea, D. J. (2006). Atlantic hurricanes and natural variability in 2005. *Geophysical Research Letters, 33*(12). https://doi.org/10.1029/2006GL026894

205

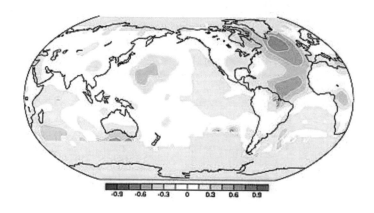

그림 3-20. 1900-2004 년 AMO 지수와 연평균 지표 기온의 상관관계 분포. 유의수준 0.05 에서 유의미한 상관관계만이 그림에 나타났습니다(Trenberth and Shea(2006)에서 가져옴).

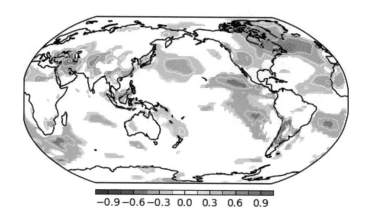

그림 3-21. 그림 3-20 을 재현한 그림. 단, 1948-2010 년 동안의 자료가 사용되었습니다.

그림 3-20 에선 1900-2004 년 동안의 AMO 지수와 Jones and Moberg(2003)[20]의 지표 기온 자료를 사용했습니다. 하지만 이번 예제에선 로빈슨도법을 사용해 보는 것이 주 목적이므로, 기온 자료의 경우 상대적으로 쉽게 얻을 수 있는 1948-2019 년 NCEP/NCAR 월평균 지표 기온 재분석 자료(Kalnay et al., 1996)를 사용했으며, NOAA/OAR/ESRL PSL 웹사이트(https://psl.noaa.gov/)[21] 에서 다운로드했습니다.

---

[20] Jones, P. D., & Moberg, A. (2003). Hemispheric and large-scale surface air temperature variations: An extensive revision and an update to 2001. *Journal of climate, 16*(2), 206-223. https://doi.org/10.1175/1520-0442(2003)016<0206:HALSSA>2.0.CO;2

[21] PSL. (n.d.). *NCEP/NCAR Reanalysis Monthly Means and Other Derived Variables*. Retrieved from https://psl.noaa.gov/data/gridded/data.ncep.reanalysis.derived.surface.html

AMO 지수 자료는 Trenberth and Zhang(2019)[22]에서 다운로드했으며 두 자료가 겹치는 기간 (1948-2010)만을 고려했습니다.

필요한 자료를 다운로드 받고 자료의 기본적인 특성을 살펴보았다면, 파이썬을 열어 아래 순서대로 코드를 작성해 그림을 그려 보겠습니다.

---
1) 필요한 패키지 불러오기 및 매개변수 정의
2) 파일로부터 원하는 시간 범위의 AMO 지수와 지표 기온 자료를 읽고 연평균 지표 기온 계산하기
3) 상관계수 계산 및 유의성 검정
4) 그림에 맞는 새로운 색지도(colormap) 정의
5) 그림 객체 생성 후 Cartopy 를 이용해 로빈슨도법을 사용한 지도 위에 유의미한 상관계수에 대한 등고선 및 shading 그림 표시
6) 그림 세부 설정 조절 후 최종적인 그림을 파일로 저장
---

가장 먼저 필요한 함수와 패키지들을 불러옵니다. 이때 scipy.stats.t 클래스를 불러와 상관계수의 통계적 유의미성을 따지는 t-test 를 할 때 사용했습니다.

다음으로 AMO 지수 자료와 기온 자료를 읽고, 두 자료가 모두 정의된 연도를 파악해 해당 기간의 AMO 지수와 연평균 기온 값을 구합니다. 출력된 값을 보면 AMO 지수가 정의된 기간 1870-2010 년과 기온 자료가 정의된 기간 1948 년 1 월-2019 년 11 월의 교집합인 1948-2010 년 동안의 자료만을 골라냈음을 확인할 수 있습니다.

```python
import numpy as np
from netCDF4 import Dataset
import matplotlib.pyplot as plt
from datetime import date, timedelta
import cartopy.crs as ccrs
import matplotlib.cm as cm
from matplotlib.colors import LinearSegmentedColormap
from scipy.stats import t

# AMO 자료 읽기
```

---

[22] Trenberth, K., Zhang, R., & National Center for Atmospheric Research Staff. (2019). The Climate Data Guide: Atlantic Multi-decadal Oscillation (AMO). Retrieved from https://climatedataguide.ucar.edu/climate-data/atlantic-multi-decadal-oscillation-amo

```
f = Dataset("AMO_HADLEY.1870-2010.CLM_1901-1970.nc", "r")
AMO = np.squeeze( f.variables["AMO_WARM_REMOVED"][:] )
year1 = np.squeeze( f.variables["year"][:] )
print(year1[0], year1[-1])

# 지표 기온 자료 읽기
f = Dataset("air.mon.mean.nc", "r")
air = np.squeeze( f.variables["air"][:] )
lat = np.squeeze( f.variables["lat"][:] )
lon = np.squeeze( f.variables["lon"][:] )
time = np.squeeze( f.variables["time"][:] )
time = np.array([date(1800,1,1) + timedelta(hours = x) for x in time])
year2 = np.array([x.year for x in time])
print(time[0], time[-1])

# 두 자료가 모두 정의된 연도 파악
startyear = max(year1[0], year2[0])
endyear = min(year1[-1], year2[-1])
nyear = endyear - startyear + 1
print(startyear, endyear)
index1 = np.logical_and(year1 >= startyear, year1 <= endyear)
AMO_short = AMO[index1]
index2 = np.logical_and(year2 >= startyear, year2 <= endyear)
air_short = air[index2,:,:]

# 연평균 기온 계산
nlat = len(lat)
nlon = len(lon)
nyear2 = int(index2.sum() / 12)   # "nyear2 = index2.sum() // 12"도 가능
air_yearmean_short = np.zeros((nyear2, nlat, nlon), np.float32)
for i in range(nyear2):
    air_yearmean_short[i,:,:] = np.mean(air[(12*i):(12*i+12),:,:], 0)
```

```
1870 2010
1948-01-01 2019-11-01
1948 2010
```

다음으로 지구 표면 각 지점에서의 기온과 AMO 지수 사이의 상관계수를 계산한 후, 상관관계의
유의미성에 대한 t-test 검정을 시행합니다. 아래 코드에선 상관계수를 이용한 검정통계량을 만든 후

scipy.stats.t.ppf() 함수로 분위수(percentile)를 계산해 유의미성을 따졌으나, scipy.stats.pearsonr() 함수를 이용해 상관계수와 p-value 를 한번에 계산하는 방법도 있으니 이를 사용하셔도 무방합니다.

```python
# 상관계수 계산
corr = np.zeros((nlat, nlon), np.float32)
for i in range(nlat):
    for j in range(nlon):
        corr[i,j] = np.corrcoef(AMO_short, air_yearmean_short[:,i,j])[0,1]

# 상관계수에 대한 검정 (two-tailed t-test)
statistic = corr / np.sqrt(1 - corr**2) * np.sqrt(nyear-2)  # 상관계수를 이용한 검정통계량
t_cutoff = t.ppf(0.975, df = nyear - 2)  # 자유도 (nyear-2)인 t 분포의 97.5% 분위수
index_insignificant = (abs(statistic) < t_cutoff)
corr[index_insignificant] = np.nan  # 통계적으로 유의미하지 않은 상관계수는 NaN 값으로 만듦
```

원본 그림과 비슷하게 그림이 나오도록 색지도(colormap)를 새로 정의하고 그 외에 그림을 그리기 위해 필요한 변수들을 정의합니다. 여러 색깔들을 선형적으로 이어 붙여서 새로운 색지도(colormap)를 정의하기 위해 colors.LinearSegmentedColormap.from_list() 함수를 사용했습니다.

```python
cmap_RdPu = cm.get_cmap("RdPu", 10)
cmap_RdPu = cmap_RdPu(np.arange(10))
cmap_RdPu = cmap_RdPu[5]

cmap_binary = cm.get_cmap("binary", 10)
cmap_binary = cmap_binary(np.arange(10))
cmap_binary = cmap_binary[0]

cmap_winter = cm.get_cmap("winter", 10)
cmap_winter= cmap_winter(np.arange(10))
cmap_winter = cmap_winter[1]

# 색깔을 선형적으로 이어 붙여 새로운 색지도(colormap) 만들기
cmap_new   =   LinearSegmentedColormap.from_list("new_cmap",   [cmap_winter,
cmap_binary, cmap_RdPu], N = 50)


lon2d, lat2d = np.meshgrid(lon, lat)
contour_levels = np.arange(-1.05, 1.05+0.15, 0.15)
```

다음으로 그림 창을 열어 ccrs.Robinson() 함수를 이용해 로빈슨도법을 사용한 지도 위에 상관계수를 그리면 그림 3-21 과 같은 그림을 얻을 수 있습니다. 자료 및 기간의 차이로 인해 원본 그림과 동일한 그림이 나오진 않지만 전반적으로 비슷한 상관계수 분포가 나온 것을 확인할 수 있습니다.

```python
fig = plt.figure(figsize = (6,3))

ax = fig.add_subplot(1,1,1, projection = ccrs.Robinson(central_longitude = 180))  # 로빈슨도법을 사용한 지도 생성
ax.set_extent([0, 359, -90, 90], ccrs.PlateCarree())  # 지도 범위 설정
ax.coastlines(resolution = "110m")

ax.contour(lon2d, lat2d, corr, colors = 'w', linewidths = 0.5, transform = ccrs.PlateCarree())
# 상관계수 등고선
image = ax.contourf(lon2d, lat2d, corr, contour_levels, cmap = cmap_new, transform = ccrs.PlateCarree())  # 상관계수 등고선 shading

# 컬러바
caxes = fig.add_axes([0.3, 0.1, 0.4, 0.02])
cbar = plt.colorbar(image, orientation = "horizontal", cax = caxes, drawedges = True)
cbar.ax.tick_params(direction = "in")


plt.subplots_adjust(top = 0.9, bottom = 0.15,
                    left = 0.1, right = 0.9,
                    wspace = 0., hspace = 0.)

filename_figure = "Corr_AMO_Tsfc.png"
plt.savefig(filename_figure)
```

| 형식 | | |
|---|---|---|
| ccrs.Robinson( central_longitude = [lon_0], …) | | |
| 매개변수 | 설정하는 특성 | 옵션 |
| central_longitude | 지도 중심 경도 | 실수 |

표 3-77. Cartopy 를 이용해 지도의 투영법을 로빈슨도법으로 설정할 때 사용하는 ccrs.Robinson() 함수.

*예제 3-7-2 에서 사용된 기타 주요 함수들*

| 형식 | | |
|---|---|---|
| np.corrcoef( [x], [y], ⋯) | | |
| 매개변수 | 설정하는 특성 | 옵션 |
| [x] | 자료 1 | 1 차원 또는 2 차원 실수 행렬/배열/리스트(list) |
| [y] | 자료 2 | [x]와 동일한 차원의 실수 행렬/배열/리스트(list) |

표 3-78. 두 변수 간의 상관계수 행렬을 계산해 주는 np.corrcoef() 함수.

| 형식 | | |
|---|---|---|
| scipy.stats.t.ppf( [q], [df], ⋯) | | |
| 매개변수 | 설정하는 특성 | 옵션 |
| q | percentile rank | 0-1 범위의 실수 |
| df | t-분포 자유도 | 양수 |

표 3-79. t-분포의 분위수를 계산해 주는 scipy.stats.t.ppf() 함수.

| 형식 | | |
|---|---|---|
| scipy.stats.pearsonr( [x], [y] ) | | |
| 매개변수 | 설정하는 특성 | 옵션 |
| [x] | 자료 1 | 실수 배열/리스트(list)/행렬(단, NaN, +Inf, -Inf 값이 있으면 안 됨) |
| [y] | 자료 2 | [x]와 동일한 차원의 실수 배열/리스트(list)/행렬(단, NaN, +Inf, -Inf 값이 있으면 안 됨) |

표 3-80. 두 자료 간의 상관계수와 two-tailed p-value 를 계산해 주는 scipy.stats.pearsonr() 함수.

| 형식 | | |
|---|---|---|
| matplotlib.colors.LinearSegmentedColormap.from_list( [name], [colors], N = [N], …) | | |
| 매개변수 | 설정하는 특성 | 옵션 |
| [name] | 색지도(colormap) 이름 | 문자열 |
| [colors] | 선형적으로 연결하려는 색지도(colormap) 배열 또는 RGB, RGBA 배열 | 색지도(colormap)의 1 차원 배열 또는 Nx3 (RGB), Nx4 (RGBA) 배열 |
| N | 색지도(colormap) 길이 | 자연수 |

표 3-81. 선형적으로 색지도(colormap)를 연결하는 colors.LinearSegmentedColormap.from_list() 함수.

------------------------------------------------------------

### 3-7-3. 극평사투영법(Polar stereographic)

지구 표면 위의 각 점을 극점과 이은 선이 지구 적도면과 평행한 평면과 만나는 점에 대응시키는 지도투영법을 극평사투영법이라고 하며(그림 3-22), 주로 극점 주위의 북반구 또는 남반구를 보기 위해 사용되는 투영법입니다.

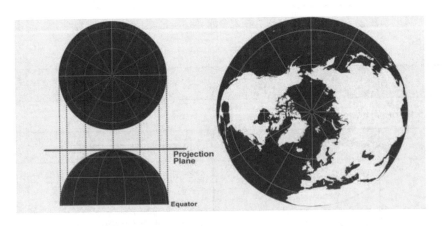

그림 3-22. (왼쪽) 극평사투영법의 원리와 (오른쪽) 지도 예시(GIS Geography, 2018).[23]

---

[23] GIS Geography. (2018). *Azimuthal Projection: Orthographic, Stereographic and Gnomonic.* Retrieved from https://gisgeography.com/azimuthal-projection-orthographic-stereographic-gnomonic/

이번 예제에선 북태평양 및 북아메리카에서 2 가지 진동 모드를 보이는 Pacific-North American(PNA) 원격상관 패턴에 관한 예시 그림인 그림 3-23 을 Cartopy 를 이용해 그림 3-24 와 같이 재현해 보겠습니다(North Carolina Climate office, n.d.).[24] 편의상 글 상자는 넣지 않았습니다.

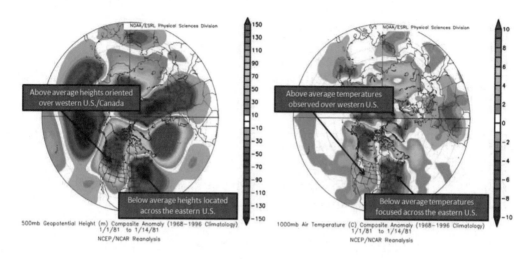

그림 3-23. PNA 가 양의 모드였던 1981 년 1 월 1-14 일 동안의 (a) 500mb 지위 고도(geopotential height) anomaly (m)와 (b) 1000mb 기온 anomaly (℃). 각 anomaly 는 1968-1988 년 기후값을 바탕으로 계산되었습니다(North Carolina Climate Office (n.d.)에서 가져옴).

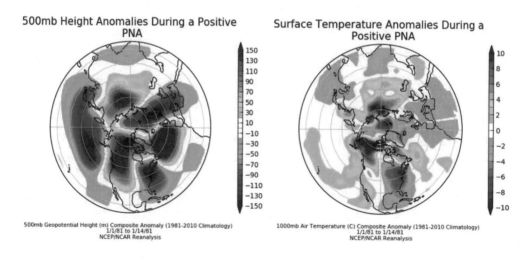

그림 3-24. 그림 3-23 을 재현한 그림.

---

[24] North Carolina Climate Office. (n.d.). *Global Patterns: Pacific/North American*. Retrieved from https://climate.ncsu.edu/climate/patterns/pna

재현을 위해 사용된 자료는 NCEP/NCAR 의 1981 년 일평균 지위 고도(geopotential height)와 기온 재분석 자료 그리고 1981-2010 년 지위 고도(geopotential height)와 기온의 월별 기후값 재분석 자료로(Kalnay et al., 1996),[25] 모두 NOAA/OAR/ESRL PSL 사이트(https://psl.noaa.gov/)[26][27]에서 다운로드하였습니다. 그림 및 계산 편의를 위해 원본 그림과 동일한 기후값을 사용하지 않고 NCEP/NCAR 기후값 재분석 자료를 사용했습니다.

그림 3-24 를 그리는 예시 코드를 이제 살펴보겠습니다. 코드는 다음과 같은 순서로 진행됩니다.

---

1) 필요한 패키지 불러오기 및 매개변수 정의
2) 원하는 변수의 anomaly 를 계산하는 함수 정의
3) 원하는 변수에 대한 그림을 그리는 함수 정의
3-1) 앞서 정의한 함수를 이용해 변수의 anomaly 를 계산
3-2) 새로운 색지도(colormap) 정의
3-3) Cartopy 함수를 이용해 극평사투영법을 쓴 지도 위에 변수 anomaly 를 그리기
3-4) 그림 테두리, 컬러바 등 세부 요소들을 조절한 후 파일로 그림을 저장
4) 기온과 지위 고도(geopotential height)에 대해 그림을 그리는 함수 실행

---

먼저 필요한 패키지와 함수들을 불러온 후, 코드에서 주요하게 사용할 매개변수를 정의합니다. 이때 극평사투영법을 사용한 지도 주변에 사각형 테두리 대신 원형 테두리를 직접 그리기 위해 matplotlib.path 모듈을 가져왔습니다.

```
import numpy as np
from netCDF4 import Dataset
import matplotlib.pyplot as plt
import cartopy.crs as ccrs
import matplotlib.path as mpath
import matplotlib.ticker as mticker
import matplotlib.cm as cm
```

[25] Kalnay, E., Kanamitsu, M., Kistler, R., Collins, W., Deaven, D., Gandin, L., ... & Zhu, Y. (1996). The NCEP/NCAR 40-year reanalysis project. *Bulletin of the American meteorological Society*, *77*(3), 437-472.
[26] PSL. (n.d.). *NCEP/NCAR Reanalysis 1: Pressure*. Retrieved from https://psl.noaa.gov/data/gridded/data.ncep.reanalysis.pressure.html
[27] PSL. (n.d.). *NCEP/NCAR Reanalysis Monthly Means and Other Derived Variables: Pressure Level*. Retrieved fromhttps://psl.noaa.gov/data/gridded/data.ncep.reanalysis.derived.pressure.html

```
from matplotlib.colors import ListedColormap

cenLon = -100        # 지도 중심 경도
minLat = 15          # 지도에 그릴 위도 최솟값
maxLat = 90          # 지도에 그릴 위도 최댓값
textLat = minLat - 15      # 글귀 위치의 위도
textLon = cenLon     # 글귀 위치의 경도
```

다음으로 기온과 지위 고도(geopotential height) 자료를 읽어 각각의 anomaly 를 구하는 함수를 정의합니다. 이때 위도 최솟값보다 낮은 위도대의 변수들이 지도에 그려지지 않게 하는 처리를 추가로 해 주었습니다.

```
def get_anom(varname, plevel):
    global minLat   # 함수 밖에서 정의된 변수 minLat 을 여기에서도 사용

    # 월별 기후값
    file_clim = Dataset(varname+".mon.ltm.nc", "r")
    lon = np.squeeze( file_clim.variables['lon'][:] )
    lat = np.squeeze( file_clim.variables['lat'][:] )
    level = np.squeeze( file_clim.variables['level'][:] )
    pindex = np.where(level == plevel)[0]
    var_clim = np.squeeze( file_clim.variables[varname][0,pindex,:,:] )   # 1 월 평균
    print(np.shape(var_clim))

    # 1981/01/01 - 1981/01/14 동안의 변수의 평균값
    file_var = Dataset(varname+".1981.nc", "r")
    var = np.squeeze(np.mean( file_var.variables[varname][:14,pindex,:,:], axis=0 ))
    print(np.shape(var))

    # 1981/01/01 - 1981/01/14 동안의 변수의 anomaly
    var_anom = var - var_clim
    var_anom[lat<minLat,:] = np.nan   # 최소 위도보다 낮은 위도대는 그리지 않게 하기
    return(lon, lat, var_anom)
```

다음으로 그림을 그리는 함수를 정의합니다. 이 함수 내에서 자료를 읽고, 기온의 경우 단위를 ℃로 바꿔 준 뒤, 색지도(colormap)를 정의하고 지도 위에 변수 anomaly 값을 그리는 모든 작업을 하도록 정의하였습니다. 이때 plt.axes() 함수와 ccrs.NorthPolarStereo() 함수를 통해 앞서 정의한 그림 패널 ax 의 지도투영법을 정의하였고, cartopy.mpl.geoaxes.gridlines() 함수를 통해 지도의 격자를 생성하였으며, ticker.FixedLocator() 함수를 써서 원하는 경도선만을 그리도록 설정했습니다. 또한 원형 테두리 점들을 그릴 때 path.Path() 함수를 썼으며, 지도의 경계를 원형 테두리로 설정하기 위해 Axes.set_boundary() 함수를 사용했습니다. 함수들에 대한 설명은 아래 표들과 NOTE 에서 보실 수 있습니다.

```python
def plot_PNA_pattern(varname, plevel, title, contour_levels, explanation):

    # 1. 자료 읽기
    lon, lat, var_anom = get_anom(varname, plevel)

    # 기온 단위 변경
    if varname == "air":
        var_anom -= 273.25


    # 2. 색지도(colormap) 정의
    jet = cm.get_cmap('jet', 100)
    jet = jet(np.arange(100))
    white = np.array([1., 1., 1., 1])
    jet[45:56,:] = white
    new_cmap = ListedColormap(jet)


    # 3. 그림
    fig, ax = plt.subplots(1,1)

    # 1) 지도 생성
    ax = plt.axes(projection = ccrs.NorthPolarStereo(central_longitude = cenLon))  # 북극을 중심에 둔 극평사투영법을 사용한 지도 생성
    ax.set_extent([-180, 180, minLat, maxLat], ccrs.PlateCarree())  # 지도 범위 설정
    gl = ax.gridlines()  # 격자선 (위/경도선)
    gl.xlocator = mticker.FixedLocator([cenLon-180, cenLon-90, cenLon, cenLon+90,
```

```
cenLon+180])  # 경도선 위치 설정
  ax.coastlines(resolution = "110m")

  # 2) 변수 등고선 shading 그림
  image = ax.contourf(lon, lat, var_anom, contour_levels, cmap = new_cmap,
transform = ccrs.PlateCarree(), extend = 'both')

  # 3) 컬러바
  caxes = fig.add_axes([0.85, 0.15, 0.015, 0.7])
  cbar = plt.colorbar(image, orientation = 'vertical', ticks = contour_levels[::2],
drawedges = True, cax = caxes)
  cbar.ax.tick_params(direction = 'in')
  cbar.ax.set_xticklabels([int(x) for x in contour_levels[::2]])

  # 4) 원형 테두리 그리기
  theta = np.linspace(0, 2*np.pi, 144)  # 각도
  center = [0.5, 0.5]   # 원 중심 위치
  radius = 0.5        # 원 반지름
  points = np.array([np.cos(theta), np.sin(theta)]).T  # 원 테두리 점들의 좌표
  print(np.shape(points))
  circle = mpath.Path(points * radius + center)  # 원 그리기
  ax.set_boundary(circle, transform = ax.transAxes)  # 그림 요소 ax 의 경계를 원으로 설정

  # 5) 제목 & 설명글
  plt.suptitle(title, fontsize = 15, y = 0.95)
  ax.text(textLon, textLat, explanation, fontsize = 8, ha = 'center', transform =
ccrs.Geodetic()) # ha = horizontal alignment

  plt.subplots_adjust(top = 0.85, bottom = 0.15,
                      left = 0.1, right = 0.9,
                      wspace = 0.1, hspace = 0.1)

  filename_figure = varname+"anom_PNA.png"
  plt.savefig(filename_figure)

# 500 hPa 지위 고도(geopotential height) anomaly 그림
varname = "hgt"
title = "500mb Height Anomalies During a Positive \n PNA"
contour_levels = np.arange(-150., 150.+10., 10.)
explanation = "500mb Geopotential Height (m) Composite Anomaly (1981-2010
Climatology) \n 1/1/81 to 1/14/81 \n NCEP/NCAR Reanalysis"
```

```
plot_PNA_pattern(varname, 500, title, contour_levels, explanation)

# 1000mb 기온 anomaly 그림
varname = "air"
title = "Surface Temperature Anomalies During a \n Positive PNA"
contour_levels = np.arange(-10., 10.+1., 1.)
explanation = "1000mb Air Temperature (C) Composite Anomaly (1981-2010
Climatology) \n 1/1/81 to 1/14/81 \n NCEP/NCAR Reanalysis"
plot_PNA_pattern(varname, 1000, title, contour_levels, explanation)
```

작성된 예제 코드를 실행하면 아래 결과와 같이 등고선 그림을 그린 자료들의 차원 (73, 144)과

지도 주변 원형 테두리 점들 points 의 차원 (144, 2)이 출력됩니다.

```
(73, 144)
(73, 144)

(144, 2)
(73, 144)
(73, 144)
(144, 2)
```

| 형식 | | |
|---|---|---|
| plt.axes(projection = [proj], …) | | |
| 매개변수 | 설정하는 특성 | 옵션 |
| projection | 그림 요소의 투영법 | 문자열(ex. 'polar, 'lambert', …) 또는 Cartopy 를 이용해 생성된 투영법 |

표 3-82. 그림 요소의 투영법 등을 설정해 줄 때 사용하는 plt.axes() 함수.

| 형식 | | |
|---|---|---|
| ccrs.NorthPolarStereo( central_longitude = [lon_0], …) | | |
| 매개변수 | 설정하는 특성 | 옵션 |
| central_longitude | 지도 하단 중심 경도 | 실수 |

표 3-83. Cartopy 를 이용해 지도의 투영법을 북극을 중심에 둔
극평사투영법으로 설정할 때 사용하는 ccrs.NorthPolarStereo() 함수.

| 형식 | | |
|---|---|---|
| ax.gridlines( crs = [crs], draw_labels = [draw_labels], xlocs = [xlocs], ylocs = [ylocs], | | |
| 매개변수 | 설정하는 특성 | 옵션 |
| crs | Cartopy 지도 격자 | Cartopy 를 이용해 정의된 지도투영법 |
| draw_labels | 격자 눈금 값 (위/경도값)<br>표시 여부 | 참/거짓 |
| xlocs | 경도선 위치 | 실수열 또는 ticker.Locator 객체 |
| ylocs | 위도선 위치 | 실수열 또는 ticker.Locator 객체 |

표 3-84. Cartopy 지도의 격자선을 그리는 cartopy.mpl.geoaxes.gridlines() 함수.

NOTE --------------------------------------------------------------------------------

*예제 3-7-3 에서 사용된 기타 주요 함수들*

| 형식 | | |
|---|---|---|
| Path( [vertices], ⋯) | | |
| 매개변수 | 설정하는 특성 | 옵션 |
| vertices | 점의 좌표들 | (N, 2) 차원 실수 배열/행렬/리스트(list) (N:<br>자연수) |

표 3-85. 점들을 잇는 선/경로를 그리는 path.Path() 함수.

| 형식 | | |
|---|---|---|
| ax.set_boundary( [path], transform = [transform], ⋯) | | |
| 매개변수 | 설정하는 특성 | 옵션 |
| path | 지도의 테두리 좌표들 | path.Path() 함수를 통해 생성된 객체 |
| transform | 좌표 변환 방법 | ex. ax.transAxes: 그림 패널 ax 를 기준으로<br>변환 ((0,0) = 좌측 하단, (1,1) = 우측 상단) |

표 3-86. Cartopy 지도를 사용한 그림 요소의 테두리를 설정해 주는
cartopy.mp.geoaxes.set_boundary() 함수.

| 형식 | | |
|---|---|---|
| mticker.FixedLocator( [locs], …) | | |
| 매개변수 | 설정하는 특성 | 옵션 |
| locs | 눈금/격자선 위치 | 실수열 |

표 3-87. 축 눈금 위치를 원하는 값으로 고정시킬 때 사용하는 ticker.FixedLocator() 함수.

-------------------------------------------------------------------------------------------------

### 3-7-4. 람베르트 정각원추도법(Lambert conformal)

아래 그림과 같이 지구 표면과 두 위도선에서 교차하는 원뿔 위에 지구 표면 위 각 점들을 대응시키는 것을 람베르트 정각원추도법이라고 합니다.

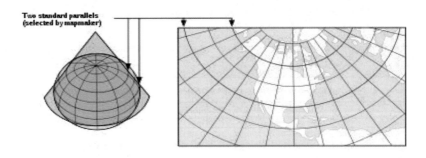

그림 3-25. 람베르트 정각원추도법(Eye4Software (n.d.)[28]에서 가져옴).

그림 3-26 의 왼쪽 그림은 Basemap 을, 오른쪽 그림은 Cartopy 를 사용해 겨울철 300hPa 풍속의 기후값을 그린 그림입니다. Basemap 을 사용했을 땐 원하는 범위의 지도를 그리기 쉬우며, Cartopy 를 사용했을 땐 사각형 지도 대신 원뿔 전개도면을 그려 줍니다.

---

[28] Eye4Software. (n.d.). *Lambert Conformal Conic Projection.* Retrieved from https://www.eye4software.com/hydromagic/documentation/map-projections/lambert-conformal-conic-projection/

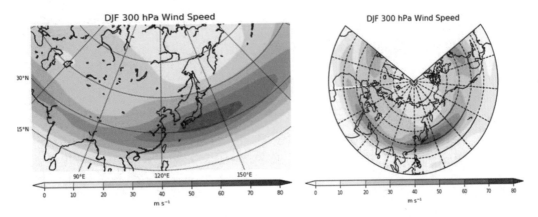

그림 3-26. (왼쪽) Basemap (오른쪽) Cartopy 를 이용해 그린 겨울철 300hPa 풍속 기후값.

그림 3-26 을 그리는 예시 코드 내용은 다음과 같이 정리될 수 있습니다.

---

1) 필요한 패키지 불러오기 및 매개변수 정의
2) 파일로부터 겨울철과 여름철 풍속 자료 읽기
3) 그림 객체 생성 및 그림 보조 변수들(지도 중심 위도, 경도…) 정의
4) Basemap 또는 Cartopy 를 이용해 람베르트 정각원추도법을 사용한 지도 위에 겨울철 풍속에 대한 shading 그림 나타내기
5) 그림 세부 설정 조절 후 그림창을 띄워 결과 확인

---

자료는 예제 3-7-1 과 동일한 자료를 사용했으며, 예제 3-7-1 과 같은 방식으로 겨울철 300hPa 풍속 기후값 자료를 읽어 올 수 있습니다. 자료를 읽는 코드 내용은 예제 3-7-1 의 내용을 참고하길 바라며, 아래에는 그림을 그리는 부분에 관한 코드만 소개하겠습니다(단, 지도의 위경도선 위치를 설정하기 위해 ticker 의 MultipleLocator() 함수를 가져와야 합니다).

아래 코드에선 Basemap 을 사용했을 땐 중심 위도와 경도, 지도의 가로 및 세로 길이만을 매개변수로 사용했으며, 이 경우 원뿔이 지구 표면을 가로지르는 선인 표준 위도선(standard parallels)은 중심 위도와 동일하게 설정됩니다. Cartopy 를 사용했을 땐 중심 위도와 경도, 표준 위도선(standard parallels) 및 지도의 위도 한계선(cutoff)를 사용했는데, Basemap 을 썼을 때와 마찬가지로 표준 위도가 모두 중심 위도로 설정되었으며, cutoff 를 0 으로 설정해 북반구만을 그리게 했습니다.

```python
# MultipleLocator() 함수 가져오기
from matplotlib.ticker import MultipleLocator

# 람베르트 정각원추도법을 사용하기 위해 쓰인 매개변수
lon_0 = 120   # 지도 중심 경도
lat_0 = 45     # 지도 중심 위도
width = 1.2e7# 지도 영역의 가로 폭 (m) (Basemap 에서 사용)
height = 7e6 # 지도 영역의 세로 높이 (m) (Basemap 에서 사용)


fig = plt.figure(figsize = (6,4))
# 1) Basemap 을 사용한 경우
if maptype == "Basemap":
    m = Basemap(projection = "lcc", resolution = "l",
                    lon_0 = lon_0, lat_0 = lat_0,
                    width = width, height = height)  # 람베르트 정각원추도법 지도 생성
    m.drawparallels(np.arange(-90, 90+15, 15), labels = [1,0,0,0], fontsize = 7)
    m.drawmeridians(np.arange(0, 360+30, 30), labels = [0,0,0,1], fontsize = 7)
    m.drawcoastlines()
    m.drawmapboundary(linewidth = 0.) # 지도 경계선 그리지 않기
    image = m.contourf(lon2d, lat2d, wspd_winter, contour_levels, cmap = "YlOrBr",
extend = "both", latlon = True)
    plt.title("DJF 300 hPa Wind Speed", fontsize = 12)

# 2) Cartopy 를 사용한 경우
elif maptype == "cartopy":
    ax = fig.add_subplot(111, projection = ccrs.LambertConformal(central_longitude =
lon_0, central_latitude = lat_0, standard_parallels = (lat_0, lat_0), cutoff = 0))   #
람베르트 정각원추도법 지도 생성
    ax.coastlines()

    # 지도 위/경도선
    gl = ax.gridlines(crs = ccrs.PlateCarree(), linewidth = 1, color = 'k', linestyle = "--")
    gl.xlocator = MultipleLocator(30)
    gl.ylocator = MultipleLocator(15)

    image = ax.contourf(lon2d, lat2d, wspd_winter, contour_levels, cmap = "YlOrBr",
extend = "both", transform = ccrs.PlateCarree())
    ax.set_title("DJF 300 hPa Wind Speed", fontsize = 12)


# 컬러바
```

```
caxes = fig.add_axes([0.1, 0.1, 0.8, 0.025])
cbar = plt.colorbar(image, cax = caxes, orientation = "horizontal", ticks = contour_levels,
format = "%d", drawedges = True)
cbar.set_label(label = "m s$^{-1}$", size = 8)
cbar.ax.tick_params(labelsize = 7)

plt.subplots_adjust(top = 0.9, bottom = 0.15,
                    left = 0.1, right = 0.9,
                    wspace = 0., hspace = 0.)
plt.show()
```

| 형식 | | |
|---|---|---|
| m = Basemap( projection = 'lcc', lat_0 = [lat_0], lon_0 = [lon_0], lat_1 = [lat_1], lat_2 = [lat_2], width = [w], height = [h], ⋯)<br>또는<br>m = Basemap( projection = 'lcc', la_0 = [lat_0], lon_0 = [lon_0], llcrnrlon = [llcrnrlon], llcrnrlat = [llcrnrlat], urcrnrlon = [urcrnrlon], ucrnrlat = [urcrnrlat], ⋯) | | |
| 매개변수 | 설정하는 특성 | 옵션 |
| lat_0 | 지도 중심 위도 | -90 - 90 범위의 실수 |
| lon_0 | 지도 중심 경도 | -360 - 720 범위의 실수 |
| lat_1 | 표준 위도 1 | -90 - 90 범위의 실수 |
| lat_2 | 표준 위도 2 | -90 - 90 범위의 실수 |
| width | 지도 영역 가로 폭 | 양수 |
| height | 지도 영역 세로 높이 | 양수 |
| llcrnrlon | 지도 하단 왼쪽 경도 | -360 - 720 범위의 실수 |
| llcrnrlat | 지도 하단 왼쪽 위도 | -90 - 90 범위의 실수 |
| urcrnrlon | 지도 상단 오른쪽 경도 | -360 - 720 범위의 실수 |
| urcrnrlat | 지도 상단 오른쪽 위도 | -90 - 90 범위의 실수 |

표 3-88. Basemap 을 이용해 람베르트 정각원추도법을 사용한 지도를 그리는 방법.

| 형식 | | |
|---|---|---|
| m.drawmapboundary( linewidth = [lw], color = [c], fill_color = [fill_color], …) | | |
| 매개변수 | 설정하는 특성 | 옵션 |
| linewidth | 지도 테두리 선 두께 | 0 이상의 실수 |
| color | 지도 테두리 선 색깔 | Pyplot 에서 인식하는 색깔 이름 문자열 |
| fill_color | 지도 배경색 | Pyplot 에서 인식하는 색깔 이름 문자열 |

표 3-89. Basemap 지도 객체의 지도 테두리 선을 그리는 basemap.drawmapboundary() 함수.

| 형식 | | |
|---|---|---|
| ccrs.LambertConformal( central_longitude = [lon_0], central_latitude = [lat_0], standard_parallels = ( [lat_1], [lat_2] ), cutoff = [cutoff], …) | | |
| 매개변수 | 설정하는 특성 | 옵션 |
| central_longitude | 지도 중심 경도 | 실수 |
| central_latitude | 지도 중심 위도 | 실수 |
| standard_parallels | 표준 위도선 | 실수 2 개로 이루어진 순서쌍 |
| cutoff | 지도 한계 위도선 | -90 - 90 범위의 실수 |

표 3-90. Cartopy 를 이용해 지도의 투영법을 람베르트 정각원추도법으로 설정할 때 사용하는
ccrs.LambertConformal() 함수.

*예제 3-7-4 에서 사용된 기타 주요 함수들*

| 형식 | | |
|---|---|---|
| MultipleLocator( base = [base] ) | | |
| 매개변수 | 설정하는 특성 | 옵션 |
| base | 이웃한 축 눈금 위치 간격 | 양수 |

표 3-91. 축 눈금 위치를 특정 수의 배수로 설정할 때 사용하는 ticker.MultipleLocator() 함수.

### 3-7-5. 위성투영법(Satellite projection)

위성에서 바라본 지구 위에 변수들을 그릴 수도 있으며, 이와 같은 지도투영법을 위성투영법이라고 합니다. Basemap 과 Cartopy 에선 orthographic projection 또는 near-sided perspective projection 을 사용할 수 있습니다. 가령 Jentoft-Nilsen, Hanso, Uz and Moran(2016)의 동영상[29]을 참고해 아래와 같이 2015 년 El Nino 와 1999 년 La Nina 시기의 12 월 SST 를 위성투영법, 구체적으로 orthographic projection 을 써서 재현(그림 3-27)해 보겠습니다.

---

[29] Jentoft-Nilsen, M., Hanson, H., Uz, S., & Moran, A. (2016). *2015 El Nino disrupts ocean chlorophyll.* (NASA and Goddard Space Flight Center; The SeaWiFS Project; and GeoEye.) Retrieved from https://svs.gsfc.nasa.gov/30747

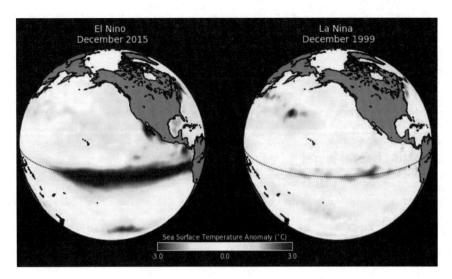

그림 3-27. (왼쪽) 2015 년 El Nino 와 (오른쪽) 1999 년 La Nina 시기 12 월 SST anomaly 분포.

NOAA OISST V2 재분석 자료 중 월평균 SST 자료와 1971-2000 년 월별 SST 기후값 자료를 사용했으며(Reynolds, Rayner, Smith, Stokes & Wang, 2002),[30] 두 자료 모두 NOAA/OAR/ESRL PSL 웹사이트(https://psl.noaa.gov/)[31]에서 다운로드할 수 있습니다.

위 그림을 그리는 예시 코드의 구성 내용은 다음과 같습니다.

---

1) 필요한 패키지 불러오기 및 매개변수 정의
2) 원하는 시간의 SST anomaly 를 계산하는 함수 정의
3) 새로운 색지도(colormap)를 만드는 함수 정의
4) 위성투영법을 사용한 지도 위에 SST anomaly 를 그려 주는 함수 정의
　　4-1) 앞서 정의한 함수들을 이용해 원하는 시간의 SST anomaly 와 새로운 색지도(colormap) 가져오기
　　4-2) 그림 객체 생성 및 그림 보조 변수들(등고선 값, 제목…) 정의
　　4-3) Basemap 함수를 통해 위성투영법을 적용한 지도 위에 SST anomaly 의 shading 그림 그리기
　　4-4) 그림 세부 설정을 조절한 후 그림창을 띄워 결과 표출
5) SST anomaly 그림을 그리는 함수 실행

---

[30] Reynolds, R. W., Rayner, N. A., Smith, T. M., Stokes, D. C., & Wang, W. (2002). An improved in situ and satellite SST analysis for climate. *Journal of climate, 15*(13), 1609-1625. https://doi.org/10.1175/1520-0442(2002)015<1609:AIISAS>2.0.CO;2

[31] PSL. (n.d.). *NOAA Optimum Interpolation (OI) Sea Surface Temperature (SST) V2*. Retrieved April 20, 2020, from https://psl.noaa.gov/data/gridded/data.noaa.oisst.v2.html

그림을 그리기 위해 파이썬에서 필요한 패키지와 함수를 가져옵니다. 아래 예제의 경우 Cartopy 를 사용했을 때 시간이 더 오래 걸려 Basemap 을 사용했습니다.

```python
import numpy as np
from netCDF4 import Dataset
import matplotlib.pyplot as plt
from mpl_toolkits.basemap import Basemap
from datetime import date, timedelta
from matplotlib import cm
from matplotlib.colors import LinearSegmentedColormap
```

다음으로 파일에서 원하는 변수를 읽고, 색지도(colormap)를 정의한 후, 그림을 그릴 차례입니다. 아래 예시 코드에선 각 작업을 함수로 정의해, 최종적으로 마지막 단계에서 그림을 그리는 함수를 호출하면 모든 작업을 수행해 그림이 그려지도록 하였습니다.

아래 코드에선 원하는 연도와 월의 SST anomaly 값을 읽는 함수와 새로운 색지도(colormap)를 만드는 함수를 다음과 같이 정의했습니다.

```python
# 원하는 연도와 월의 SSTA (SST anomaly) 구하기
def get_ssta(year, month):
    f = Dataset("sst.mnmean.nc", "r")
    lon = np.squeeze( f.variables["lon"][:] )
    lat = np.squeeze( f.variables["lat"][:] )
    time = np.squeeze( f.variables["time"][:] )
    time = np.array([date(1800,1,1) + timedelta(days = x) for x in time])   # 시간을 연/월/일로 변환
    ind_time = np.where(time == date(year,month,1))[0]   # 원하는 연도와 월에 해당하는 인덱스(index) 찾기
    sst = np.squeeze( f.variables["sst"][ind_time,:,:] )   # 원하는 시기의 SST

    f = Dataset("sst.ltm.1971-2000.nc", "r")
    sst_clim = np.squeeze( f.variables["sst"][month-1,:,:] )   # 원하는 월의 SST 기후값

    ssta = sst - sst_clim   # SST anomaly
    return(lat, lon, ssta)
```

```
# 새로운 색지도(colormap) 만들기
def create_new_RdBu():
    RdBu = cm.get_cmap("RdBu", 50)
    RdBu = RdBu(np.arange(50))
    blue = RdBu[49]
    bluewhite = RdBu[29]
    white = RdBu[24]
    whitered = RdBu[20]
    red = RdBu[0]

    new_RdBu = LinearSegmentedColormap.from_list("new_RdBu", [blue, bluewhite,
white, whitered, red], N=256)  # 색깔들을 선형적으로 연장해 색지도(colormap) 만들기
    return(new_RdBu)
```

다음으로 orthographic projection 을 사용한 지도 위에 SSTA 그림을 그리는 함수를 정의한 후, 이를
실행하면 그림 3-27 을 얻을 수 있습니다. 육지를 회색으로 칠하기 위해 Basemap 의 fillcontinents()
함수를 사용했습니다.

이때 정의된 등고선 범위의 바깥 값들(3 보다 크거나 -3 보다 작은 값들)은 등고선 범위 내에
들어오도록 수정되었습니다. 다른 방법으로 plt.contourf() 함수의 옵션 중에서 extend = "both"로
하면 값을 수정하지 않고도 비슷한 그림을 그릴 수 있습니다.

한편 그림 배경을 검정색으로 칠하기 위해 patches.Patch.set_facecolor() 함수를 사용했으며,
컬러바의 제목을 설정하기 위해 Axes.set_label() 함수 대신 Axes.set_title() 함수를 사용했습니다.
추가적으로 컬러바의 테두리 색깔을 흰색으로 설정해 주었습니다. 이 함수들에 대한 설명은
NOTE 에서 확인하실 수 있습니다.

```
# 위성투영법을 사용한 지도 위에 SSTA 그림 그리기
def plot_ssta():

    # 자료 읽어 가져오기
    lat, lon, ssta_Dec2015 = get_ssta(2015, 12)
    _, _, ssta_Dec1999 = get_ssta(1999, 12)
    ssta = np.stack([ssta_Dec2015, ssta_Dec1999])

    # 그림을 그리기 위한 변수들
```

```python
lon2d, lat2d = np.meshgrid(lon, lat)
contour_levels = np.arange(-3, 3+0.01, 0.01)
titles = ["El Nino \n December 2015", "La Nina \n December 1999"]

# 새 색지도(colormap) 가져오기
new_RdBu = create_new_RdBu()

# 원하는 등고선 범위를 넘지 않도록 살짝 자료를 조작하기
ssta[ssta >= contour_levels[-1]] = contour_levels[-2]
ssta[ssta <= contour_levels[0]] = contour_levels[1]

# 그림
fig = plt.figure(figsize = (8,4))
fig.patch.set_facecolor("black")  # 그림 배경 검은색으로
for i in range(2):
    fig.add_subplot(1,2,i+1)

    # 지도 그리기 (orthographic projection)
    m = Basemap(projection = "ortho", resolution = "l",
                lon_0 = 220, lat_0 = 20)  # 중심 위도와 경도 설정
    m.drawparallels([0])
    m.drawcoastlines()
    m.fillcontinents(color = "gray")

    image = m.contourf(lon2d, lat2d, ssta[i,:,:], contour_levels, cmap = new_RdBu,
extend = 'neither', latlon = True)

    plt.title(titles[i], fontsize = 10, color = "white")

# 컬러바
caxes = fig.add_axes([0.37, 0.1, 0.26, 0.03])
cbar = plt.colorbar(image, cax = caxes, orientation = 'horizontal', ticks = [-3, 0, 3],
format = "%.1f")
cbar.ax.set_title("Sea Surface Temperature Anomaly ($^{\circ}$C)", fontsize = 7, color
= "white", verticalalignment = "top", pad = 0.5)  # 컬러바 제목
cbar.ax.tick_params(labelsize = 7, length = 0, labelcolor = "white") # 눈금은 보이지
않게 하되 눈금 값은 흰색으로
cbar.outline.set_edgecolor("white") # 흰색 테두리

plt.subplots_adjust(top = 0.9, bottom = 0.1,
                    left = 0.1, right = 0.9,
```

```
                    wspace = 0.2, hspace = 0.)
    plt.show()

# 그림 그리는 프로그램 실행하기
plot_ssta()
```

| 형식 | | |
|---|---|---|
| m = Basemap( projection = "ortho", lon_0 = [lon_0], lat_0 = [lat_0], …) | | |
| 매개변수 | 설정하는 특성 | 옵션 |
| lon_0 | 지도 중앙의 경도 (°) | -360 - 720 범위의 실수 |
| lat_0 | 지도 중앙의 위도 (°) | -90 - 90 범위의 실수 |

표 3-92. Basemap 함수를 이용해 orthographic projection 을 사용한 지도를 그리는 방법.

| 형식 | | |
|---|---|---|
| m.fillcontinents( color = [c], lake_color = [lc], alpha = [alpha], zorder = [zorder], …) | | |
| 매개변수 | 설정하는 특성 | 옵션 |
| color | 육지 색깔 | Pyplot 에서 인식하는 색깔 이름 문자열 |
| lake_color | 호수 색깔 | Pyplot 에서 인식하는 색깔 이름 문자열 |
| alpha | 투명도 | 0-1 범위 실수 |
| zorder | 그림을 덧칠하는 순서 | 자연수 |

표 3-93. Basemap 지도 객체의 육지를 색칠하는 basemap.fillcontinents() 함수.

*예제 3-7-5 에서 사용된 기타 주요 함수들*

| 형식 | | |
|---|---|---|
| [patches].set_facecolor( [color], …) | | |
| 매개변수 | 설정하는 특성 | 옵션 |
| [color] | 배경색 | Pyplot 에서 인식하는 색깔 이름 문자열 |

표 3-94. 그림 조각(patch)의 배경색을 설정하는 patches.Patch.set_facecolor() 함수.

| 형식 | | |
|---|---|---|
| [patches].set_edgecolor( [color], …) | | |
| 매개변수 | 설정하는 특성 | 옵션 |
| [color] | 테두리색 | Pyplot 에서 인식하는 색깔 이름 문자열 |

표 3-95. 그림 조각(patch)의 테두리색을 설정하는 patches.Patch.set_edgecolor() 함수.

---

## 3-7-6. 종합 예제

3 장에 다룬 그림 그리는 법들을 응용하여 지도 위에 벡터, 등고선 및 shading 을 동시에 그린 그림을 그려 보겠습니다. 이번 예제에선 Capotondi et al.(2019)[32]의 그림 1(아래 그림 3-28)을 재현해 보려고 하며 Basemap 을 사용한 경우 그림 3-29, Carotpy 를 사용한 경우 그림 3-30 과 같은

---

[32] Capotondi, A., Sardeshmukh, P. D., Di Lorenzo, E., Subramanian, A. C., & Miller, A. J. (2019). Predictability of US West Coast Ocean Temperatures is not solely due to ENSO. *Scientific reports, 9*(1), 1-10. https://doi.org/10.1038/s41598-019-47400-4

결과를 얻을 수 있습니다. 다만 Capotondi et al.(2019)의 그림과 다르게 강수 자료는 추가로 그림에 넣지 않았습니다. 그 외에도 사용된 자료가 완전히 일치하지 않아 그림이 어느 정도 다르지만 전반적으로 비슷함을 알 수 있습니다.

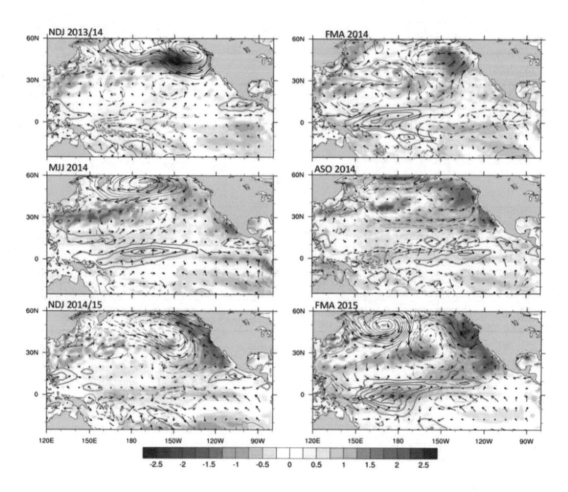

그림 3-28. 2013 년 11 월~2015 년 4 월 동안의 SST(shading), 지표 바람(벡터), 해면기압(등고선), 강수량의 anomaly(초록색) 그림(Capotondi et al.(2019)에서 가져옴).

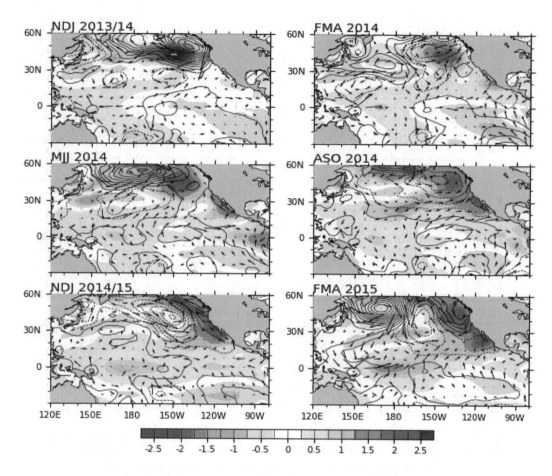

그림 3-29. Basemap 을 이용해 그림 3-28 을 재현한 그림. 단, 강수 자료는 그림에 나타내지 않았습니다.

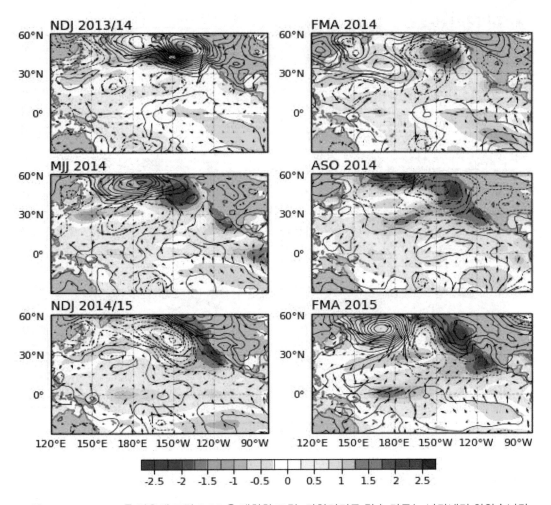

그림 3-30. Cartopy 를 이용해 그림 3-28 을 재현한 그림. 마찬가지로 강수 자료는 나타내지 않았습니다.

예제에서 사용된 자료는 ERSST v5 1854-2019 년 월평균 SST 자료와 1981-2010 년 기후값(Huang et al., 2017),[33] NCEP/NCAR 재분석 자료 중 지표 바람 속도와 해면기압 변수의 1948-2019 년 월평균 자료 및 1981-2010 년 기후값(Kalnay et al., 1996)[34]이며, 두 자료 모두 NOAA/OAR/ESRL

---

[33] Boyin Huang, Peter W. Thorne, Viva F. Banzon, Tim Boyer, Gennady Chepurin, Jay H. Lawrimore, Matthew J. Menne, Thomas M. Smith, Russell S. Vose, and Huai-Min Zhang (2017): NOAA Extended Reconstructed Sea Surface Temperature (ERSST), Version 5. [Monthly Mean, Monthly Long Term Mean]. NOAA National Centers for Environmental Information. doi:10.7289/V5T72FNM [Jan 6, 2020].

[34] Kalnay, E., Kanamitsu, M., Kistler, R., Collins, W., Deaven, D., Gandin, L., ... & Zhu, Y. (1996). The NCEP/NCAR 40-year reanalysis project. *Bulletin of the American meteorological Society, 77*(3), 437-472. *https://doi.org/10.1175/1520-0477(1996)077〈0437:TNYRP〉2.0.CO;2*

PSL, Boulder, CO, USA 에서 제공하였으며, 해당 웹사이트(https://psl.noaa.gov/)[3536]에서 다운로드할 수 있습니다. 자료를 다운로드한 후 기본적인 정보를 먼저 확인합니다.

그림을 그리기 위한 코드는 다음과 같이 진행됩니다. 그리고 Basemap 을 사용한 예제 코드를 먼저 소개하겠습니다. Cartopy 를 이용해 그림을 그리는 코드는 Basemap 예시 코드를 살펴본 후 다루도록 하겠습니다.

---

1) 필요한 패키지 불러오기 및 매개변수 정의
2) 원하는 변수(SST, 지표 바람, 해면기압)의 anomaly 를 계산하는 함수 정의
3) 새로운 색지도(colormap) 정의
4) 경도, 위도, 컬러바 눈금 값 형식에 관한 함수 정의
5) 그림 객체와 패널(axes) 생성
6) 정거원통도법이 적용된 지도 위에 SST, 해면기압, 지표 바람 anomaly 를 각각 shading, 등고선, 벡터로 나타내기
7) 축과 컬러바 눈금 등 그림 세부 설정 조절 후 그림을 파일로 저장

---

우선 필요한 패키지들 및 함수들을 불러오고 매개변수들을 정의합니다.

```python
import numpy as np
from netCDF4 import Dataset
from datetime import date, timedelta
import matplotlib.pyplot as plt
from mpl_toolkits.basemap import Basemap
import matplotlib.cm as cm
from matplotlib.colors import LinearSegmentedColormap, ListedColormap
from matplotlib.ticker import MultipleLocator, FixedLocator, FuncFormatter

# 매개변수
minLat = -30
maxLat = 60
```

---

[35] PSL. (n.d.). *NOAA Extended Reconstructed Sea Surface Temperature (SST) V5*. Retrieved from https://psl.noaa.gov/data/gridded/data.noaa.ersst.v5.html

[36] PSL. (n.d.). *NCEP/NCAR Reanalysis Monthly Means and Other Derived Variables*. Retrieved from https://psl.noaa.gov/data/gridded/data.ncep.reanalysis.surface.html

```
minLon = 120
maxLon = 280
startyear = 2013
startmonth = 11
endyear = 2015
endmonth = 4
```

다음으로 각 파일에서 원하는 시간 및 공간 범위의 변수를 읽어 SST, 해면기압 및 지표 바람의 anomaly 를 계산합니다. 이 과정을 여러 번 반복해야 하기 때문에 다음과 같이 함수를 정의하면 코드를 보다 명료하게 만들고 분량을 줄일 수 있습니다.

```python
def get_anom(varname):
    global minLat, maxLat, minLon, maxLon, startyear, startmonth, endyear, endmonth
    # 함수 밖에서 정의된 전역 변수(global variable)를 가져와 사용하겠다고 선언

    # 각 변수 및 변수의 기후값 파일 불러오기
    if varname == "sst":
        file_var = Dataset(varname+".mnmean.nc", "r")
        file_varclim = Dataset(varname+".mon.ltm.1981-2010.nc", "r")
    else:
        file_var = Dataset(varname+".mon.mean.nc", "r")
        file_varclim = Dataset(varname+".mon.ltm.nc", "r")

    # 원하는 범위의 위/경도 변수 읽기
    lat = np.squeeze( file_var.variables['lat'][:] )
    ind_lat = np.logical_and(lat >= minLat, lat <= maxLat)
    lat = lat[ind_lat]
    nlat = len(lat)
    lon = np.squeeze( file_var.variables['lon'][:] )
    ind_lon = np.logical_and(lon >= minLon, lon <= maxLon)
    lon = lon[ind_lon]
    nlon = len(lon)

    # 시간 변수 읽기
    time = np.squeeze( file_var.variables['time'][:] )
    if varname == "sst":
        time = np.array([date(1800,1,1)+timedelta(days = x) for x in time])  # SST 자료
```

파일의 time 은 1800 년 1 월 1 일부터 지나간 일(day) 수로 정의됨

```
  else:
    time = np.array([date(1800,1,1)+timedelta(hours = x) for x in time])  # 기타 변수
```

파일의 time 은 1800 년 1 월 1 일부터 지나간 시간으로 정의됨

```
  year = np.array([x.year for x in time])
  month = np.array([x.month for x in time])

  # 시작/끝 연도와 월 찾기
  ind_start = int(np.where(time == date(startyear, startmonth, 1))[0])
  ind_end = int(np.where(time == date(endyear, endmonth, 1))[0])
  ntime = ind_end - ind_start + 1

  time = time[ind_start:ind_end+1]
  year = year[ind_start:ind_end+1]
  month = month[ind_start:ind_end+1]

  # 변수 읽기
  var = np.squeeze( file_var.variables[varname][ind_start:ind_end+1, ind_lat,
ind_lon] )
  if varname == "sst":
    landmask = var[0,:,:].mask  # SST 자료의 land mask
    var[:,landmask] = np.nan   # 육지 위에서 SST 의 값을 NaN 값으로 바꿈

  # 기후값 읽기
  var_clim = np.squeeze( file_varclim.variables[varname][:, ind_lat, ind_lon] )

  # anomaly 값 계산
  var_anom = np.zeros(var.shape, np.float32)
  for t in range(ntime):
    var_anom[t,:,:] = var[t,:,:] - var_clim[month[t]-1,:,:]

  # 3 개월씩 anomaly 평균 계산
  var_anom2 = np.zeros((int(ntime/3),nlat,nlon), np.float32)
  for t in range(int(ntime/3)):  # "int(ntime/3)"은 "ntime//3"으로 대체 가능
    var_anom2[t,:,:] = np.mean(var_anom[(3*t):(3*(t+1)),:,:], axis=0)

  # 체크 : 자료의 이름, 최솟값, 최댓값, 모양 출력
  print(varname, ":", np.nanmin(var_anom2), np.nanmax(var_anom2),
var_anom2.shape)
  # 위도, 경도, 3 개월 anomaly 평균을 결과로 돌려줌
  return(lat, lon, var_anom2)
```

```
# 각 변수 anomaly 구하기
lat, lon, uwnd_anom = get_anom("uwnd")
_, _, vwnd_anom = get_anom("vwnd") # uwnd, vwnd, slp 는 동일한 격자에서 정의되어
있기 때문에 위/경도를 다시 읽어 저장할 필요 없음
_, _, slp_anom = get_anom("slp")
lat_sst, lon_sst, sst_anom = get_anom("sst")

# 2 차원 격자 생성
lon2d, lat2d = np.meshgrid(lon, lat)
lon2d_sst, lat2d_sst = np.meshgrid(lon_sst, lat_sst)
```

```
uwnd : -4.543557 3.9676 (6, 37, 65)
vwnd : -4.4978604 3.3604367 (6, 37, 65)
slp : -5.6950073 9.8620405 (6, 37, 65)
sst : -1.5597591 2.8062027 (6, 46, 81)
```

필요한 anomaly 값들을 계산한 후 그림에 사용될 색지도(colormap)를 정의합니다.

```
# 1) 빨강-노랑
cmap_hot = cm.get_cmap('hot', 10)
cmap_hot = cmap_hot(np.arange(10))
yellowred = cmap_hot[2:][::-1]

# 1-1) 파랑
cmap_winter = cm.get_cmap('winter', 10)
cmap_winter = cmap_winter(np.arange(10))
blue = cmap_winter[0]

# 1-2) 하늘색
cmap_hsv = cm.get_cmap('hsv', 10)
cmap_hsv = cmap_hsv(np.arange(10))
skyblue = cmap_hsv[5]

# 1-3) 흰색
cmap_binary = cm.get_cmap('binary', 10)
cmap_binary = cmap_binary(np.arange(10))
white = cmap_binary[0]
```

```
# 2) 색깔을 선형적으로 연결해서 파랑-흰색 만들기
bluewhite = LinearSegmentedColormap.from_list('bluewhite', [blue, skyblue, white], N
= 8)
bluewhite = bluewhite(np.arange(8)) # 배열로 만듦

# 3) 색지도(colormap)를 합쳐서 파랑-흰색-노랑-빨강 만들기
newcolors = np.vstack((bluewhite, yellowred))
cmap_new = ListedColormap(newcolors, name = 'new_cmap')
```

그림을 그리기 전 마지막 단계로, 원본 그림과 비슷하게 위경도 및 컬러바 눈금 값이 표시될 수 있도록 각각의 눈금 값 형식을 정해주는 함수를 정의합니다.

```
# 경도 눈금 값 형식
def lon_format(x, pos):
    if x > 180:
        return("%dW" % (360-x))
    elif 0 < x < 180:
        return("%dE" % x)
    elif x == 180:
        return("180")
    else:
        return("0")


# 위도 눈금 값 형식
def lat_format(x, pos):
    if x > 0:
        return("%dN" % x)
    elif x < 0:
        return("%dS" % x)
    else:
        return("0")

# 컬러바 눈금 값 형식
def cbar_format(x):
    if x % 1 == 0:
        return("%d" % x)
    else:
        return("%.1f" % x)
```

이제 원본 그림을 참고하여 각 subplot 에 지도와 적절한 시기의 SST, 해면기압, 바람장 anomaly 를 그립니다. 최종적으로 그림을 저장해서 열어 보면 그림 3-29 와 같이 그려졌음을 확인할 수 있습니다. 이때 각 축의 눈금 위치와 값을 표시하기위해 Axis.set_major(minor)_locator() 함수와 Axis.set _major_formatter() 함수를 사용했으며, 앞서 정의한 눈금 값 형식 함수들 및 ticker 의 FixedLocator(), FuncFormatter() 함수를 같이 사용했습니다. 새롭게 소개한 함수들에 대한 정보는 NOTE 에서 보실 수 있습니다.

```python
fig, ax = plt.subplots(3,2, figsize = (6,5.5))
titles = ["NDJ 2013/14", "FMA 2014", "MJJ 2014", "ASO 2014", "NDJ 2014/15", "FMA 2015"]

for i in range(3):
    for j in range(2):
        index = 2*i+j

        # 지도 그리기
        m = Basemap(projection = 'cyl', resolution = 'c', ax = ax[i,j],
                        llcrnrlon = minLon, llcrnrlat = minLat, urcrnrlon = maxLon, urcrnrlat = maxLat)
        # 대륙 윤곽선 & 색칠
        m.drawcoastlines(linewidth = 0.5, zorder = 11)
        m.fillcontinents(color = 'silver', zorder = 10)

        # 등고선 그림 (SST, 해면기압)
        contour_levels = np.arange(-2.75, 2.75+0.25, 0.25)
        image = ax[i,j].contourf(lon2d_sst, lat2d_sst, sst_anom[index,:,:], contour_levels, cmap = cmap_new, latlon = True)
        contour_levels_slp = np.arange(-16, 16+0.8, 0.8)
        ax[i,j].contour(lon2d, lat2d, slp_anom[index,:,:], contour_levels_slp, colors = 'k', linewidths = 0.5, latlon = True)

        # 벡터장 그림
        interval = 3 # 그림에 표시할 벡터 간격
        ax[i,j].quiver(lon2d[::interval,::interval],            lat2d[::interval,::interval], uwnd_anom[index,::interval,::interval], vwnd_anom[index,::interval,::interval], scale = 40, scale_units = 'width')

        # 경도 축 눈금
```

```python
    ax[i,j].xaxis.set_major_locator(MultipleLocator(30))
    ax[i,j].xaxis.set_major_formatter(FuncFormatter(lon_format))
    ax[i,j].xaxis.set_minor_locator(MultipleLocator(10))

    # 위도 축 눈금
    ax[i,j].yaxis.set_major_locator(FixedLocator(np.arange(minLat+30,    maxLat+30,
30)))
    ax[i,j].yaxis.set_major_formatter(FuncFormatter(lat_format))
    ax[i,j].yaxis.set_minor_locator(MultipleLocator(10))

    # 전반적인 축 눈금 설정
    ax[i,j].tick_params(which = 'major', labelsize = 7,
                        top = True, right = True)
    ax[i,j].tick_params(which = 'minor', top = True, right = True)
    if index < 4:
        ax[i,j].tick_params(labelbottom = False)


    # subplot 제목
    ax[i,j].text(minLon, maxLat+2, titles[index])


# 컬러바
caxes = fig.add_axes([0.26, 0.05, 0.52, 0.02])
cbar = fig.colorbar(image, cax = caxes, orientation = 'horizontal', ticks =
                    contour_levels[1::2], drawedges = True)
cbar.ax.tick_params(labelsize = 7)

# 컬러바 눈금 값
cbar_ticks = [cbar_format(x) for x in contour_levels[1::2]]
cbar.set_ticklabels(cbar_ticks)

# subplot 배열 조정
plt.subplots_adjust(top = 0.95, bottom = 0.1,
                    left = 0.1, right = 0.95,
                    wspace = 0.2, hspace = 0.)

# 파일 저장
filename_figure = "Wind_SLP_SST_2013-2015.png"
plt.savefig(filename_figure)
```

한편 Basemap 대신 Cartopy 를 이용한다면, 위의 코드에서 그림을 그리는 코드 부분을 다음과 같이 수정하면 됩니다. 대부분의 내용은 앞선 코드와 비슷하나, 위 예제처럼 날짜 경계선(경도 180°)을 포함하는 범위의 그림을 그릴 때 PlateCarree 투영법에서는 "central_longitude"를 설정할 필요가 있습니다. "central_longitude" 옵션을 지정할 경우, 그림 그리는 함수뿐 아니라 지도 범위 지정 함수(set_extent)나 격자 설정 함수에도 지도 투영법을 명시해야 함에 주의합니다. 그리고 육지 내부를 색으로 채울 때 Cartopy 에서 기본적으로 제공하는 특징 요소(feature) 중 육지에 해당하는 cartopy.feature.LAND 를 add_feature() 함수를 이용해 불러왔다는 점이 다릅니다. 특징 요소(feature)란 그림이나 지도를 그릴 때 유용한 점, 선 및 다각형의 집합으로, Cartopy 에서는 육지, 강, 국가 경계선과 같은 특징 요소(feature)들은 기본적으로 제공하고 있으며 이에 관한 내용은 다음의 웹사이트를 참고하시기 바랍니다(https://scitools.org.uk/cartopy/docs/v0.16/matplotlib/feature_interface.html). 한편 또다른 차이점으로 격자선의 눈금 형식을 LONGITUDE_FORMATTER, LATITUDE_FORMATTER() 함수를 써서 정한다는 점이 있습니다(이 부분은 cartopy 버전 0.18 에서는 필요 없어졌습니다). 새롭게 사용한 함수들에 대한 간단한 설명들은 NOTE 를 참고하시기 바랍니다.

```
##-- Cartopy 를 사용하는 경우
import cartopy.crs as ccrs
import cartopy.feature as cfeature
from cartopy.mpl.gridliner import LONGITUDE_FORMATTER, LATITUDE_FORMATTER

fig = plt.figure(figsize = (6,5.5))
titles = ["NDJ 2013/14", "FMA 2014", "MJJ 2014", "ASO 2014", "NDJ 2014/15", "FMA 2015"]

cm = (minLon+maxLon)/2
proj = ccrs.PlateCarree(central_longitude=cm)
for i in range(3):
    for j in range(2):
        index = 2*i+j
        ax= fig.add_subplot(3,2,index+1,projection=proj)
        ax.set_extent([minLon,maxLon,minLat,maxLat+1],crs=ccrs.PlateCarree())

        # 등고선 그림 (SST, 해면기압)
        contour_levels = np.arange(-2.75, 2.75+0.25, 0.25)
        image = ax.contourf(lon2d_sst, lat2d_sst, sst_anom[index,:,:], contour_levels,
                cmap = cmap_new, transform=ccrs.PlateCarree())
```

```
contour_levels_slp = np.arange(-16, 16+0.8, 0.8)
ax.contour(lon2d, lat2d, slp_anom[index,:,:], contour_levels_slp, colors = 'k',
        linewidths = 0.5, transform=ccrs.PlateCarree())


# 벡터장 그림
interval = 3 # 그림에 표시할 벡터 간격
ax.quiver(lon2d[::interval,::interval], lat2d[::interval,::interval],
        uwnd_anom[index,::interval,::interval],
vwnd_anom[index,::interval,::interval],
        scale = 40, scale_units = 'width', transform=ccrs.PlateCarree())


### 해안선 그리기 & 육지 색칠하기
ax.coastlines(color='gray', linewidth=1.)
ax.add_feature(cfeature.LAND, facecolor='silver')
### 격자선
line_props=dict(linewidth=0.6, color='gray', alpha=0.5, linestyle='--')
# 연속된 격자선을 그리기위한 트릭; Cartopy 0.18.0 에서는 불필요
gl= ax.gridlines(crs=ccrs.PlateCarree(), draw_labels=False,
        xlocs=range(minLon,maxLon+1,30),
        ylocs=range(minLat,maxLat+1,30), **line_props)
# 격자선을 그리고 동시에 위/경도 이름표 작성
gl= ax.gridlines(crs=ccrs.PlateCarree(), draw_labels=True,
        xlocs=[ll if ll<=180 else ll-360 for ll in range(minLon,maxLon+1,30)],
        ylocs=range(minLat,maxLat+1,30), **line_props) # 적절한 경도 이름표 붙이기
### x, y 축 눈금
if index>=4:
    gl_lab_locator=[False,True,True,False]  # [Top, Bottom, Left, Right]
else:
    gl_lab_locator=[False,False,True,False]
gl.xlabels_top, gl.xlabels_bottom, gl.ylabels_left, gl.ylabels_right = gl_lab_locator
# Cartopy 0.16.0 이하
    #gl.top_labels, gl.bottom_labels, gl.left_labels, gl.right_labels = gl_lab_locator  #
Cartopy 0.18.0
    gl.xformatter = LONGITUDE_FORMATTER  # Cartopy 0.18.0 에서는 필요 없음
    gl.yformatter = LATITUDE_FORMATTER
    gl.xlabel_style = {'size': 8, 'color': 'k'}
    gl.ylabel_style = {'size': 8, 'color': 'k'}


### Aspect ratio of map
#ax.set_aspect('auto') ### 'auto'로 설정하면 정의된 패널(axes) 영역을 다 채우도록
지>도를 왜곡시킴
```

```
    # subplot 제목
    ax.set_title(titles[index], x=0., ha='left', y=0.95, va='bottom', fontsize=10)

# 컬러바
caxes = fig.add_axes([0.26, 0.05, 0.52, 0.02])
cbar = fig.colorbar(image, cax = caxes, orientation = 'horizontal', ticks =
            contour_levels[1::2], drawedges = True)
cbar.ax.tick_params(labelsize = 8)

# 컬러바 눈금 값
cbar_ticks = [cbar_format(x) for x in contour_levels[1::2]]
cbar.set_ticklabels(cbar_ticks)

# subplot 배열 조정
plt.subplots_adjust(top = 0.95, bottom = 0.1,
            left = 0.1, right = 0.95,
            wspace = 0.2, hspace = 0.)

# 파일 저장
filename_figure = "Wind_SLP_SST_2013-2015.png"
plt.savefig(filename_figure)
```

NOTE --------------------------------------------------------------------------------------------


*예제 3-7-6 에서 사용된 기타 유용한 함수들*

먼저 Basemap 을 이용한 코드에서 새롭게 사용한 함수들과 기본적인 사용법은 아래와 같습니다.

| 형식 | | |
|---|---|---|
| ax[i,j].[axis].set_major_locator( [locator], ··· ) | | |
| 매개변수 | 설정하는 특성 | 옵션 |
| [axis] | 큰 눈금을 설정하려는 축 | ex. xaxis, yaxis |
| [locator] | 눈금 위치(locator) 객체 | ticker.Locator 객체 |

표 3-96. 축의 큰 눈금 위치를 설정하는 Axis.set_major_locator() 함수.

| 형식 | | |
|---|---|---|
| ax[i,j].[axis].set_minor_locator( [locator], … ) | | |
| 매개변수 | 설정하는 특성 | 옵션 |
| [axis] | 작은 눈금을 설정하려는 축 | ex. xaxis, yaxis |
| [locator] | 눈금 위치(locator) 객체 | ticker.Locator 객체 |

표 3-97. 축의 작은 눈금 위치를 설정하는 Axis.set_minor_locator() 함수.

| 형식 | | |
|---|---|---|
| FuncFormatter( [func] ) | | |
| 매개변수 | 설정하는 특성 | 옵션 |
| [func] | 눈금 값 형식을 정해 주는 함수 | 2 개의 입력값(축 값 x 와 위치 pos)을 받아 축 값에 해당하는 문자열을 돌려주는 함수 |

표 3-98. 특정 함수가 정한 방식대로 눈금 값 형식을 정해 줄 때 사용하는 ticker.FuncFormatter() 함수.

다음으로 Cartopy 를 이용한 코드에서 새롭게 도입된 함수들에 대한 기본적인 정보와 사용법입니다.

| 형식 | | |
|---|---|---|
| ax.add_feature( [feature], … ) | | |
| 매개변수 | 설정하는 특성 | 옵션 |
| [feature] | 그림에 넣으려는 특징 요소(feature) | cartopy.feature.Feature 클래스에 속하는 특징 요소(feature) |

표 3-99. 그림 또는 지도에 cartopy.feature.Feature 클래스의 특징 요소(feature)를 추가하는 cartopy.mpl.geoaxes.add_feature() 함수.

| 형식 |
|---|
| gl.xformatter = LONGITUDE_FORMATTER |

표 3-100. Cartopy 를 이용해 그린 지도 격자 객체 gl 의 x 축, 즉 경도에 대한 눈금 형식을 정해 줄 때 사용하는 cartopy.mpl.gridliner.LONGITUDE_FORMATTER() 함수.

표 3-101. Cartopy 를 이용해 그린 지도 격자 객체 gl 의 y 축, 즉 위도에 대한 눈금 형식을 정해줄 때
사용하는 cartopy.mpl.gridliner.LATITUDE_FORMATTER() 함수.

-------------------------------------------------------------------------------------

NOTE -------------------------------------------------------------------------------

*기타 유용한 Basemap 함수들*

앞서 소개하거나 사용하진 않았지만, Basemap 을 이용해 지도를 더욱 보기 좋게 만들 수 있는
함수들이 여럿 있습니다. 여기선 다음 예시 그림과 코드 그리고 표들을 통해 이러한 함수들의
사용법과 결과를 간단하게 소개하고자 합니다.

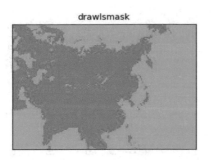
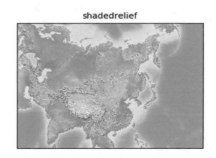
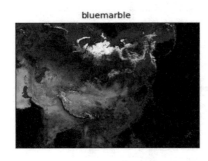
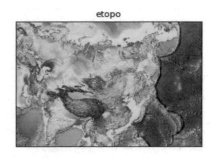

그림 3-31. 지도를 다채롭게 만드는 Basemap 함수 예시.
각 그림에 사용된 함수의 이름은 제목에서 확인할 수 있습니다.

1) 필요한 패키지 불러오기
2) 그림 객체 및 패널(axes) 정의
3) Basemap 함수들을 이용해 서로 다른 스타일의 지도 그리기
4) 그림 세부 설정 조절 후 그림 파일 저장

```python
import matplotlib.pyplot as plt
from mpl_toolkits.basemap import Basemap

fig, ax = plt.subplots(2,2, figsize = (8,8))

# drawlsmask() 함수
m = Basemap(projection = 'lcc', resolution = 'c', ax = ax[0,0],
            width = 1.2e7, height = 9e6, lat_1 = 45, lat_2 = 55, lat_0 = 55, lon_0 = 107)
m.drawlsmask(land_color = 'coral', ocean_color = 'aqua', lakes = True)
ax[0,0].set_title("drawlsmask", fontsize = 10)

# shadedrelief() 함수
m = Basemap(projection = 'lcc', resolution = 'c', ax = ax[0,1],
            width = 1.2e7, height = 9e6, lat_1 = 45, lat_2 = 55, lat_0 = 55, lon_0 = 107)
m.shadedrelief()
ax[0,1].set_title("shadedrelief", fontsize = 10)

# bluemarble() 함수
m = Basemap(projection = 'lcc', resolution = 'c', ax = ax[1,0],
            width = 1.2e7, height = 9e6, lat_1 = 45, lat_2 = 55, lat_0 = 55, lon_0 = 107)
m.bluemarble()
ax[1,0].set_title("bluemarble", fontsize = 10)

# etopo() 함수
m = Basemap(projection = 'lcc', resolution = 'c', ax = ax[1,1],
            width = 1.2e7, height = 9e6, lat_1 = 45, lat_2 = 55, lat_0 = 55, lon_0 = 107)
m.etopo()
ax[1,1].set_title("etopo", fontsize = 10)

plt.subplots_adjust(top = 0.9, bottom = 0.1,
                    left = 0.1, right = 0.9,
                    wspace = 0.2, hspace = 0.)
plt.savefig("Basemap_extra.png")
```

| 형식 | | |
|---|---|---|
| m.drawlsmask( land_color = [lc], ocean_color = [oc], lsmask = [lsmask], lakes = [lakes], ···) | | |
| 매개변수 | 설정하는 특성 | 옵션 |
| land_color | 육지 색 | Pyplot 에서 인식하는 색깔 이름 문자열 또는 RGBA 순서쌍 |
| ocean_color | 해양 색 | Pyplot 에서 인식하는 색깔 이름 문자열 또는 RGBA 순서쌍 |
| lsmask | 육지/해양/호수 자료 | 2 차원 실수 행렬/리스트(list)/배열(0 = 육지, 1 = 해양, 2 = 호수) |
| lakes | 호수를 그릴지에 대한 여부 | 참/거짓 |

표 3-102. 육지/해양/호수 mask 자료를 그려 주는 basemap.drawlsmask() 함수.

| 형식 |
|---|
| m.shadedrelief() |

표 3-103. shaded relief 지도를 그려 주는 basemap.shadedrelief() 함수.

| 형식 |
|---|
| m.bluemarble() |

표 3-104. bluemarble 지도를 그려 주는 basemap.bluemarble() 함수.

| 형식 |
|---|
| m.etopo() |

표 3-105. etopo 지도를 그려 주는 basemap.etopo() 함수.

부록 1

# 부록 1. Interactive Plot (2D)

2 장에서 Numpy 와 Pandas 를 이용하여 서울과 백령도의 미세먼지 자료에 대한 간단한 시계열을 그려 보았습니다. 하지만 이 시계열 그림에서 아쉬운 점은 정적이라는 점입니다. 만일 다른 변수를 보려 하거나, x 축과 y 축을 조금이라도 수정하기 위해서는 애써 짜 놓은 코드를 수정해서 새롭게 돌려줘야 하는 번거로움이 있습니다. 파이썬에서 interactive 한 그림을 그릴 수 있도록 여러 가지 라이브러리를 제공합니다. 간단한 예제를 통해 살펴보겠습니다.

먼저 라이브러리를 가져옵니다. 앞선 예제들과 많이 사용했던 Numpy, Pandas, Pyplot 라이브러리 외에도 추가로 Slider, Button, RadioButtons 라는 패키지들을 갖고 왔습니다. Slider 는 버튼이나 표시줄을 좌우나 상하로 움직여 그림을 조절할 수 있는 슬라이더(slider)를 사용할 수 있게 해 주며, RadioButtons 는 주어진 목록의 요소 중 하나를 선택해 그림을 바꾸는 라디오 버튼(radio button)을 사용할 수 있게 해 줍니다. Button 은 말 그대로 클릭을 통해 그림 설정을 조절하는 버튼을 만드는 데 사용됩니다. 이외에도 사용자가 컴퓨터와 상호작용할 수 있게 해 주는 인터페이스 요소인 위젯(widget)에는 여러 종류가 있으며, 보다 자세한 내용은 Project Jupyter Revision of3c77f1(n.d.)[37]를 참고하시기 바랍니다.

```
%matplotlib notebook
import numpy as np
import pandas as pd
from matplotlib.widgets import Slider, Button, RadioButtons
import matplotlib.pyplot as plt
```

앞서 2 장에서 살펴본 것처럼 Numpy 와 Pandas 를 이용하여 자료를 불러옵니다.

```
# 서울과 백령도의 PM10 자료를 불러옴
dates = pd.date_range('2009-01', '2013-01', freq='M')
```

---

[37] Project Jupyter Revision of3c77f1. (n.d.). *Widget Events*. Retrieved from https://ipywidgets.readthedocs.io/en/latest/examples/Widget%20Events.html

```
L = len(dates)
def get_PM10(station):
    raw_file = "KMA_%s_raw_data.csv" % (station)
    pm10 = np.genfromtxt(raw_file, encoding = "euc-kr", dtype = None,
                delimiter = ",",
                names = ("loc_num", "loc_name", "date", "conc"),
                comments = "#", skip_header = 7)
    pm10 = pm10[8:56]
    PM10 = pd.Series(pm10["conc"], index = dates)
    return(PM10)
SEOUL = get_PM10("seoul")
BAENG = get_PM10("baeng")

# 원하는 관측소의 PM10 자료를 원하는 시간 범위만큼 가져옴
def signal(left, right):
    return(SEOUL[left:right])
def signal2(left, right):
    return(BAENG[left:right])
```

다음으로 그림을 그리는데, 사용자가 그래프의 범위나 그래프로 나타낼 변수를 바꾸면 그에 맞춰 자동으로 그림이 바뀌는 interactive 한 그림을 그릴 것입니다. 이 예시에선 그래프로 나타낼 시작 날짜와 끝 날짜를 조절하는 2 개의 슬라이더(slider)와 모든 슬라이더(slider)를 리셋시키는 리셋 버튼 그리고 그래프로 나타낼 변수를 선택할 수 있는 라디오 버튼(radio button)을 추가하고, 사용자가 각 요소들을 조절하거나 클릭했을 때 적절히 반응하도록 설정해 주었습니다.

```
# Interactive plot 그리기
slider_color = 'lightgoldenrodyellow'   # 슬라이더(slider) 색깔
fig = plt.figure(figsize=(12,6))
ax = fig.add_subplot(111)
plt.subplots_adjust(top = 0.9, bottom = 0.3,
                left = 0.3, right = 0.9)

left_0 = 10    # 그림으로 표현할 시작 날짜에 해당하는 dates 의 인덱스(index)의 초깃값
right_0 = 40    # 그림으로 표현할 끝 날짜에 해당하는 dates 의 인덱스(index)의 초깃값
var = "seoul"  # 그래프로 나타낼 관측소의 초깃값
if var == "seoul":
```

```python
    [line] = ax.plot(dates[left_0:right_0], signal(left_0, right_0), 'r-', linewidth=1) # 서울
PM10 시계열 그래프
else:
    [line] = ax.plot(dates[left_0:right_0], signal2(left_0, right_0), 'b-', linewidth=1) #
백령도 PM10 시계열 그래프

plt.ylabel("PM10 (ug m$^{-3}$)")
plt.title("PM10 timeseries")
plt.xticks(rotation = 30)
plt.grid(True)

ax.set_xlim(dates[left_0], dates[right_0])
ax.set_ylim([0, 100])

# 1-1. 시작 날짜와 끝 날짜를 결정짓는 2 개의 슬라이더(slider) 추가
left_slider_ax = fig.add_axes([0.4, 0.15, 0.5, 0.03], facecolor=slider_color)
left_slider = Slider(left_slider_ax, 'Left axis', 0, L-1, valinit=left_0)
right_slider_ax = fig.add_axes([0.4, 0.1, 0.5, 0.03], facecolor=slider_color)
right_slider = Slider(right_slider_ax, 'Right axis', 0, L-1, valinit=right_0)

# 1-2. 슬라이더(slider)의 매개변수 값, 즉 표시줄 위치에 맞게 그림의 범위를 조절하는 함수
def sliders_on_changed(val):

    time_left = int(left_slider.val)    # 시작 날짜를 나타내는 슬라이더의 현재 표시줄 위치
    time_right = int(right_slider.val) # 끝 날짜를 나타내는 슬라이더의 현재 표시줄 위치

    # 현재 시작 날짜와 끝 날짜에 맞게 자료 및 축의 범위를 조절
    if var == "seoul":
        line.set_ydata(signal(time_left, time_right))
        line.set_xdata(dates[time_left:time_right])
    else:
        line.set_ydata(signal2(time_left, time_right))
        line.set_xdata(dates[time_left:time_right])
    ax.set_xlim(dates[time_left], dates[time_right])
    fig.canvas.draw_idle()

left_slider.on_changed(sliders_on_changed)  # 시작 날짜 슬라이더의 표시줄 위치가 변했을
경우 sliders_on_changed() 함수 실행
right_slider.on_changed(sliders_on_changed)  # 끝 날짜 슬라이더의 표시줄 위치가 변했을
경우 sliders_on_changed() 함수 실행
```

```
# 2-1. 슬라이더(slider)를 모두 리셋하는 버튼 추가
reset_button_ax = fig.add_axes([0.8, 0.04, 0.1, 0.04])
reset_button    =    Button(reset_button_ax,    'Reset',    color=    slider_color,
hovercolor='0.975')

# 2-2. 시작 날짜와 끝 날짜 슬라이더를 리셋시키는 함수
def reset_button_on_clicked(mouse_event):
    left_slider.reset()
    right_slider.reset()

reset_button.on_clicked(reset_button_on_clicked) # 리셋 버튼을 클릭할 경우
reset_button_on_clicked() 함수 실행


# 3-1. 그래프로 표현할 변수와 색깔을 조절하는 라디오 버튼(radio button) 추가
color_radios_ax  =  fig.add_axes([0.05,  0.5,  0.15,  0.15],  facecolor=slider_color,
aspect='equal')
color_radios = RadioButtons(color_radios_ax, ('Seoul', 'Baeng'), active=0)  # 항목
이름이 "Seoul", "Baeng"인 라디오 버튼(radio button) 생성 (초기에 그려진 변수는 0 번째
변수인 서울의 PM10 시계열 자료)

# 3-2. 라디오 버튼(radio button)을 클릭했을 때 그림을 바꾸는 함수
def color_radios_on_clicked(label):

    time_left = int(left_slider.val)
    time_right = int(right_slider.val)

    if label == "Seoul":
        line.set_ydata(signal(time_left, time_right))
        line.set_xdata(dates[time_left:time_right])
        line.set_color("red")
    else:
        line.set_ydata(signal2(time_left, time_right))
        line.set_xdata(dates[time_left:time_right])
        line.set_color("blue")
    fig.canvas.draw_idle()

color_radios.on_clicked(color_radios_on_clicked)  # 라디오 버튼(radio button)의 항목을
클릭할 경우 color_radios_on_clicked() 함수를 실행

plt.show()
```

위 예제 코드를 실행하면 2009 년 12 월부터 2012 년 5 월까지 서울의 PM10 농도를 보여 주는 그림창이 뜰 것입니다. 화면 하단의 슬라이더를 통해 시작 및 끝 날짜를 바꾸면 그래프가 그려지는 범위가 달라지고, 화면 좌측의 라디오 버튼에서 "Seoul" 외에 "Baeng" 항목을 클릭하면 백령도 PM10 농도 시계열 자료가 파란색 그래프로 그려질 것입니다. 슬라이더(slider) 설정을 초기로 되돌리고 싶으면 화면 우측 하단의 "Reset" 버튼을 클릭하면 됩니다. 이와 같이 사용자가 선택하는 설정에 맞게 즉각적으로 그림을 조절해 주는 interactive plot 을 파이썬의 Widgets 라이브러리를 이용해 그려 볼 수 있습니다.

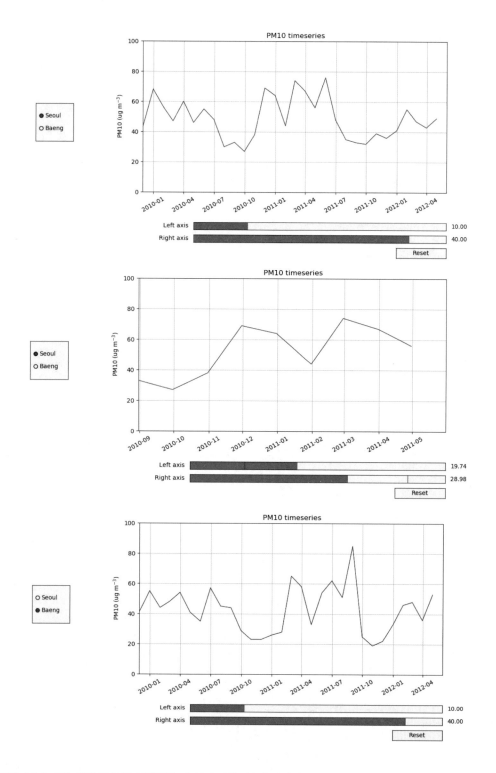

그림 A1-1. (위) 예제 코드를 실행했을 때 볼 수 있는 초기 상태의 그림창. (가운데) 슬라이더(slider)를 통해 그래프의 시간 범위를 바꾼 모습. (아래). 라디오 버튼(radio button)을 통해 그래프로 나타낸 변수를 바꾼 모습.

# 부록 2

# 부록 2. Colormap

부록으로 자주 사용되는 Colormap list(The Matplotlib development team, n.d.)[38]를 나열하였습니다.

Colormap 의 선택에 있어서 화려한 색상만이 좋은 것은 아닙니다. 가장 중요한 기준은 자료의 특색을 잘 표현하는 것입니다. 여기에 더하여 만약 흑백 출력이나 색맹(Color Blind)인 사람들을 고려한다면 Colormap 의 선택은 더 신중해야 합니다. 이와 관련해선 다음의 문헌들을 참고하시기 바랍니다. The Matplotlib development team(n.d.),[39] Stauffer, Mayr, Dabernig and Zeileis(2015),[40] Luk(2015),[41] Fisher, Stauffer and Zeleis (n.d.).[42]

이런 문제들을 종합적으로 고려하여 개발된 Colormap 이 "일관된 인지가 가능한 색지도(Perceptually uniform colormap)"입니다. Matplotlib v3.1 에서는 현재 5 종류의 "일관된 인지가 가능한 색지도"를 제공하고 있습니다. viridis, plasma, inferno, magma, cividis.

마지막으로 모든 색지도(Colormap) 이름은 끝에 "_r"을 추가할 수 있습니다(예: "viridis" vs. "viridis_r"). 여기서 "r"은 "reverse"를 의미하며, 색지도(Colormap)를 반전시키는 효과가 있습니다. 따라서 "viridis_r"은 노란색에서 보라색 방향으로 변화합니다.

---

[38] The Matplotlib development team. (n.d.). *color example code: colormaps_reference.py*. Retrieved from https://matplotlib.org/examples/color/colormaps_reference.html

[39] The Matplotlib development team. (n.d.). *Choosing colormaps in Matplotlib*. Retrieved from https://matplotlib.org/3.1.0/tutorials/colors/colormaps.html#grayscale-conversion

[40] Stauffer, R., Mayr, G. J., Dabernig, M., & Zeileis, A. (2015). Somewhere over the rainbow: How to make effective use of colors in meteorological visualizations. *Bulletin of the American Meteorological Society, 96*(2), 203-216. doi: 10.1175/BAMS-D-13-00155.1

[41] Luk. (2015, February 7). *Tips for designing scientific figures for color blind readers*. Retrieved from https://www.somersault1824.com/tips-for-designing-scientific-figures-for-color-blind-readers/

[42] Fisher, J. C., Stauffer, R., & Zeileis, A. (n.d.). *Graphical User Interface for Choosing HCL Color Palettes*. Retrieved from http://hclwizard.org/hclwizard/

```
%matplotlib inline
import numpy as np
import matplotlib.pyplot as plt

def plot_color_gradients(cmap_category, cmap_list, nrows):
    fig, axes = plt.subplots(nrows=nrows)
    fig.subplots_adjust(top=0.95, bottom=0.01, left=0.2, right=0.99)
    axes[0].set_title(cmap_category + ' colormaps', fontsize=14)

    for ax, name in zip(axes, cmap_list):
        ax.imshow(gradient, aspect='auto', cmap=plt.get_cmap(name))
        pos = list(ax.get_position().bounds)
        x_text = pos[0] - 0.01
        y_text = pos[1] + pos[3]/2.
        fig.text(x_text, y_text, name, va='center', ha='right', fontsize=10)

    # 각 색지도(colormpa)를 나타낼 패널(ax)의 축과 눈금을 그리지 않음
    for ax in axes:
        ax.set_axis_off()

# 카테고리별로 나눠진 색지도(colormap) 목록
# http://matplotlib.org/examples/color/colormaps_reference.html
cmaps = [('Perceptually Uniform Sequential', ['viridis', 'plasma', 'inferno',
'magma', 'cividis']), ('Sequential', ['Greys', 'Purples', 'Blues', 'Greens', 'Oranges',
'Reds',
'YlOrBr', 'YlOrRd', 'OrRd', 'PuRd', 'RdPu', 'BuPu', 'GnBu', 'PuBu', 'YlGnBu', 'PuBuGn',
'BuGn', 'YlGn']), ('Sequential (2)', ['binary', 'gist_yarg', 'gist_gray', 'gray',
'bone', 'pink', 'spring', 'summer', 'autumn', 'winter', 'cool', 'Wistia', 'hot', 'afmhot',
'gist_heat', 'copper']), ('Diverging', ['PiYG', 'PRGn', 'BrBG', 'PuOr', 'RdGy', 'RdBu',
 'RdYlBu', 'RdYlGn', 'Spectral', 'coolwarm', 'bwr', 'seismic']), ('Miscellaneous', ['flag',
'prism', 'ocean', 'gist_earth', 'terrain', 'gist_stern', 'gnuplot', 'gnuplot2', 'CMRmap',
'cubehelix', 'brg', 'gist_rainbow', 'rainbow', 'jet', 'nipy_spectral', 'gist_ncar'])]

nrows = max(len(cmap_list) for cmap_category, cmap_list in cmaps)
gradient = np.linspace(0, 1, 256)
gradient = np.vstack((gradient, gradient))


for cmap_category, cmap_list in cmaps:
    plot_color_gradients(cmap_category, cmap_list, nrows)
```

## Perceptually Uniform Sequential colormaps

viridis
plasma
inferno
magma
cividis

## Sequential colormaps

Greys
Purples
Blues
Greens
Oranges
Reds
YlOrBr
YlOrRd
OrRd
PuRd
RdPu
BuPu
GnBu
PuBu
YlGnBu
PuBuGn
BuGn
YlGn

## Sequential (2) colormaps

## Diverging colormaps

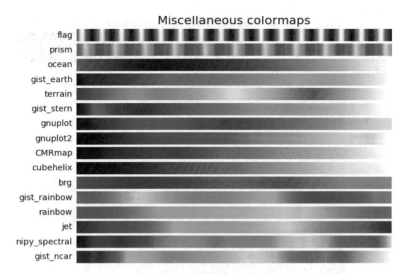

**크라우드 펀딩 후원자**

김백민, 김선화, 김응섭, 김정규, 김주완, 김주홍, 김진은, 김힘찬, 문일주, 박두선, 박혜진, 박훈영, 서명석, 양금희, 오혜련, 이명우, 이상현, 이수정, 이주희, 이준영, 이준이, 최다니엘, 최다영, 최용상, 최용한, 최유미, 현종훈